Comment garder le bénéfice de ses vacances

Lisa Letessier

Comment garder le bénéfice de ses vacances

Odile Jacob

3, rue Auguste-Comte, 75006 Paris

www.odilejacob.fr

ISBN : 978-2-4150-0430-9

À mon frère Stéphane,
qui a contribué au bonheur des gens en les faisant voyager.

En guise de préambule

Dès mes 20 ans, chaque fois qu'on me demandait ce que je voulais pour mon anniversaire ou pour Noël, je répondais : « De l'argent pour partir en vacances. » Ayant peu d'intérêt pour le matériel, j'étais (et je suis restée !) une grande consommatrice d'évasion ! Les années passant, il m'a bien fallu admettre que les bénéfices de ces vacances, qui parfois avaient un coût élevé, ne duraient pas. Au bout d'une semaine, deux si j'avais de la chance, j'étais épuisée, le teint blafard, et mon corps criait de nouveau au repos. Après les grandes vacances, je tenais un peu plus longtemps, parfois un mois, mais, dès la fin septembre, les souvenirs de plage et d'odeur de monoï s'étaient déjà envolés.

J'aurais pu penser que je travaillais trop ou que je m'organisais mal mais, en observant les gens autour de moi, je me suis aperçue qu'ils vivaient la même expérience. Une idée a alors commencé à germer dans mon esprit : trouver comment faire pour conserver le bénéfice de ses vacances. L'embryon du projet date de fin 2018, six mois après la naissance de ma deuxième fille, période passée sans dormir. Comme je venais de sortir mon deuxième livre *Le Mensonge dans le couple* (paru chez Odile Jacob), je me suis autodisputée de penser à mon prochain livre, j'étais déjà assez fatiguée comme ça. J'ai donc intimé à mon cerveau de se taire. Mais quand une graine est plantée…

J'ai réellement commencé à travailler sur cette idée à partir de juin 2019. Et puis le Covid est arrivé et je me suis lancée avec des consœurs psy dans un autre projet d'écriture consacré aux conséquences de l'épidémie sur la santé mentale. Pendant ce temps, mon livre m'attendait tranquillement au chaud dans mon ordinateur.

Je pourrais continuer à énumérer les raisons (déménagement, ouverture d'un nouveau centre, etc.) pour expliquer pourquoi le 3 janvier 2023 j'étais en train de réécrire pour la dixième fois cette introduction. Mais je dois bien admettre que la raison principale était… que quelque chose bloquait.

Comment proposer un protocole thérapeutique, une méthode pour aider les gens à conserver les bénéfices de leurs vacances ? À conserver leurs ressources physiques et psychiques, à ne pas être au bout du rouleau deux semaines après la reprise de travail, alors que moi-même je frôlais le burn-out deux fois par an (décembre et juillet puisque vous me posez la question) ?

J'avais un gros syndrome de l'imposteur.

Moi, Lisa Letessier, j'allais réussir à anéantir la fatigue sur terre, de sorte que les gens n'auraient plus besoin de partir plusieurs fois en vacances, tellement ils seraient bien dans leur quotidien ! Qu'ils se contenteraient de prendre l'avion une seule fois par an pour faire un beau voyage ! Avec un seul livre, j'allais faire chuter la pollution et éradiquer le tourisme de masse ! Hum…

Oh, schéma d'exigences élevées, quand tu nous tiens…

Si on se met la barre vraiment trop haut, on risque de la transformer en aspirateur d'énergie. L'exigence trop élevée mariée à l'anxiété de performance, voilà les meilleures amies de la procrastination !

Après avoir tout remis à plat et m'être débarrassée de mes objectifs inatteignables, j'ai repensé ce sujet de fond en comble car je reste intimement persuadée que, à de multiples égards, il est assez central dans la vie des gens. À partir de mon expérience personnelle (la mienne et celle de mon entourage) et professionnelle (le récit de mes patients, les échanges avec des confrères et consœurs), après avoir compulsé les différents ouvrages et recherches liés à mon sujet, tout a soudain fait sens.

Donc on respire, on se détend et on se lance.

Si, grâce à cet ouvrage, vous apprenez à faire durer les bénéfices de vos vacances plus longtemps, voire à les prolonger pendant toute l'année, si les conseils et les exercices que je vous propose vous permettent de remettre tous les compteurs à zéro et de vous régénérer, alors je serai comblée !

Introduction

Les vacances sont devenues un immense marché. Dans un quotidien de plus en plus épuisant, elles représentent souvent une planche de salut pour essayer de garder la tête hors de l'eau le reste de l'année. On espère se ressourcer, profiter de ses enfants qu'on ne voit pas assez (ou, au contraire, s'en éloigner le plus possible !), réparer son couple abîmé par le stress, trouver un amoureux ou des amis, ou fuir sa vie pour redonner, l'espace de quelques jours, un sens à son existence.

Mises au point, disputes, ruptures, retrouvailles, découvertes, changements de vie, prises de conscience : les vacances offrent souvent un concentré d'émotions.

Nous partons tous avec l'objectif de nous reposer, de nous détendre en espérant que ça dure le plus longtemps possible. Mais c'est souvent plus facile à dire qu'à faire. On a l'impression d'avoir rechargé et, au moindre obstacle, on se retrouve avec la boule au ventre et le front plissé.

Durant la première semaine de janvier 2022, je suis partie à Carnac pour me ressourcer. Je commence toujours l'année en partant seule une semaine en thalasso. C'est une tradition à laquelle je tiens ! C'est mon moment cocooning, sport, méditation, balades sur la plage. Le troisième jour, après avoir été bien « essorée » de mes stress par les soins et les massages la veille, je me réveille pleine d'énergie, hyper détendue et joyeuse. Mode « Bisounours zen » activé !

Trente minutes après mon réveil, je reçois un message de ma nounou à Paris me disant qu'elle a le Covid. J'essaie de gérer à distance son remplacement, d'aider mon mari à y voir plus clair dans les nouvelles mesures gouvernementales pour les cas contacts, de trouver sur Doctolib un rendez-vous PCR pour ma fille de 3 ans. En quelques minutes, la boule dans l'estomac et le sentiment que « je n'ai pas le droit d'être tranquille » avaient fait leur grand retour.

Toutes sortes d'émotions m'ont traversée : la peur, l'agacement, la culpabilité de ne pas être sur place, la colère. J'en voulais à la nounou d'avoir fait entrer le Covid à la maison. J'en voulais à mon mari de me faire participer au chaos et de ne pas respecter ma « bulle », je m'en voulais de leur en vouloir.

Puis j'ai respiré un grand coup, fait une séance de sport et de méditation et j'ai retrouvé ma bienveillance. Envers moi-même et envers les autres. Toutes mes émotions désagréables ont disparu et j'ai pu ressentir de la compassion, envers mon pauvre mari qui faisait ce qu'il pouvait pour gérer la crise, envers moi qui faisais ce qu'elle pouvait pour aider.

Au lieu de rejeter le stress, d'en vouloir à la terre entière, d'essayer à tout prix de mettre à distance quelque chose que je ne pouvais ni éliminer ni maîtriser, j'ai accueilli. J'ai accueilli le désagréable, tout en me concentrant sur ce que je vivais d'agréable. Je me suis centrée sur la gratitude que je ressentais pour le fait d'être là, tranquille, dans un environnement sécurisant. Sur la gratitude que je ressentais vis-à-vis du père de mes filles pour avoir accepté que je parte seule une semaine.

Je lui ai envoyé un message plein de tout ça et j'ai senti que tout s'apaisait. Lui, moi et même la situation.

Ce genre d'imprévus arrivent en vacances et hors vacances. Mais c'est le jeu, ma pauvre Lucette, on n'y peut rien. Ce qu'on peut modifier, en revanche, c'est l'attitude qu'on adopte face aux événements et, finalement, à la vie en général. D'accord, me direz-vous, mais comment faire quand ces problèmes surviennent précisément pendant les deux semaines où vous avez décidé de tout oublier pour pouvoir vous ressourcer ? ou qu'ils vous tombent dessus dès votre retour ? ou qu'ils s'enchaînent dans les semaines où vous êtes revenu, frais et pimpant, de votre séjour en Martinique ?

Noyé sous une pluie de conseils pour trouver le bonheur, bombardé par des promesses de miracle si on consomme tel ou tel produit, nous aspirons tous à retrouver l'essence même des vacances, le sentiment de plénitude, de détente, l'impression de liberté et de joie qui booste l'envie, les projets et la créativité. Et de conserver durablement cette belle énergie.

Mon ambition, avec ce livre, est de vous aider, étape après étape, à faire en sorte que vos vacances puissent devenir de véritables ressources. Qu'elles vous permettent d'opérer une vraie remise à niveau pour repartir sur de nouvelles bases. Que leurs bienfaits durent dans le temps au lieu de se résumer à une simple consommation de plaisirs éphémères. Je vous guiderai à toutes les étapes, depuis la préparation de votre séjour jusqu'à votre retour à la maison, sans oublier les conseils et les exercices pour mieux savourer tous les moments de détente, de découverte et de complicité que vous êtes venu chercher.

Prêt ? On y va ?

Installez-vous confortablement, attachez votre ceinture, notre départ est imminent !

Petit conseil de lecture

Je vous encourage à lire d'abord l'ensemble de ce livre d'une traite avant de programmer vos vacances, puis à le reprendre à chaque étape de votre séjour pour pouvoir effectuer les exercices au bon moment.

PREMIÈRE PARTIE

Avant de partir

CHAPITRE 1

Les vacances dans notre société : je pars donc je suis !

Vacances ou voyage, telle est la question ! La différence peut vous paraître évidente, mais l'est-elle tant que ça ? Est-ce possible de se sentir en vacances sans partir de chez soi ? Quand je décide d'aller dans un hôtel club à Punta Cana, qu'est-ce que je recherche fondamentalement ? Je veux faire un voyage ou bien partir en vacances ? Afin de bien identifier quel type de pause vous ferez le plus grand bien, il me semble important de commencer par éclaircir ces deux notions.

Vacances ou voyage ?

Commençons par la définition du terme « vacances » donnée par le *Larousse* :

Vacances : nom féminin pluriel.

1. Période d'arrêt légal de travail dans les écoles, les universités, fixées selon un calendrier.
2. Période légale d'arrêt de travail des salariés, pendant laquelle de nombreuses personnes se déplacent.

SYNONYME : congé.

Un mot clef se profile : « arrêt ». Très rapidement, on le trouve associé à la notion de déplacement. Alors, lorsqu'on est en vacances, on doit s'arrêter ou bouger ? Si je ne me déplace pas, ai-je loupé mes vacances ? ou pas ?

Continuons à explorer notre définition. Il est précisé que les vacances sont toujours au pluriel. Ah, donc si je n'ai eu qu'une période de vacances dans l'année, ai-je raté ? Pas exactement : si on met le mot au singulier, « vacance » prend un tout autre sens, il signifie libre (par rapport à un poste de travail, par exemple), mais également vide ou inoccupé.

Notre cerveau ne va pas forcément faire tous ces distinguos, il va entendre : *arrêt, bouger, vide.*

Changeons de dictionnaire. Dans *Le Petit Robert*, voici la définition que l'on trouve :

Vacances : nom féminin pluriel.

1. Période pendant laquelle les écoles, les universités ne sont pas en activité. *Vacances scolaires. Les grandes vacances :* les deux ou trois mois d'été. *Colonie de vacances.*
2. Repos, cessation du travail, des occupations ordinaires. *Avoir besoin de vacances.*
3. Temps de repos accordé aux employés. → CONGÉ. *Partir en vacances.*

Repos, cessation du travail et des occupations ordinaires... Ah, donc si je suis en vacances, je ne dois pas faire ce que je fais tous les jours quand je ne le suis pas ? Mais, si tous les jours j'ai l'habitude de faire une heure de sport, je dois arrêter pendant que je suis en vacances ? Je ne prends plus de douche ? Je n'ai plus le droit de manger des pâtes ?

Et encore une fois je dois partir...

Reprenons tous nos mots clefs : *arrêt, bouger, vide, repos, changement.*

Que d'injonctions paradoxales pour un seul concept ! On pourrait continuer longtemps, mais je pense que vous avez saisi le problème : les vacances, rien que par leur définition, viennent cristalliser des attentes parfois très ambivalentes. Sauf si on s'en tient aux synonymes proposés par *Le Petit Robert* : congé, détente, loisirs, permission, relâche, repos.

Partons maintenant explorer le mot « voyage ». Voici la définition proposée par le *Larousse* :

Voyage : nom masculin.

1. Action de voyager, de se rendre ou d'être transporté en un autre lieu.
2. Déplacement, allées et venues, en particulier pour transporter quelque chose : *monter toutes les valises en un seul voyage.*
3. Action de se rendre dans un lieu relativement lointain ou étranger.
4. (*littéraire*) Exploration, découverte, description de quelque chose qu'on suit comme un parcours.
5. État hallucinatoire provoqué par l'usage d'une drogue, en particulier le LSD.

SYNONYMES : circuit – croisière – déplacement – excursion – pérégrinations – périple – tour – tournée.

Là c'est plus clair : si je voyage, je dois partir ! Mais ce qui l'est moins, c'est à partir de quelle distance par rapport à chez moi, je peux considérer que je suis parti… en voyage ? Car si j'ai bien compris, je dois partir loin, mais si je peux aussi partir loin en voyage dans ma tête, ça compte ?

La définition littéraire me plaît assez : exploration et découverte, car, oui, finalement, ce voyage d'exploration peut aussi se faire en se déplaçant dans sa tête ou dans un livre.

Je retiens donc ici les mots clefs suivants : *déplacement, exploration, découverte.*

Passons au *Petit Robert* qui nous en donne la définition suivante :

Voyage : nom masculin.

1. Déplacement d'une personne qui se rend en un lieu assez éloigné. *Les gens du voyage :* les gens du cirque, les forains, les nomades. *Le grand, le dernier voyage :* la mort.

2. Course que fait un chauffeur, un porteur pour transporter un ou quelque chose. *Un voyage suffira.*

On retrouve donc la notion de déplacement, confirmée avec l'exemple des nomades, mais, oh ! surprise, *Le Petit Robert* nous parle aussi de mort (le dernier grand voyage) : on a moins envie de partir d'un coup... Quant au voyage en Uber ou en taxi, je ne m'y attarde pas : on pourrait philosopher sur l'association Uber/taxi/aéroport/voyage, mais il ne faut pas exagérer.

Pour les synonymes de « voyage », nous avons :

- excursion, circuit, périple, tour, balade (*familier*), virée (*familier*), [par mer] croisière, traversée, [scientifique] exploration, expédition ;
- trajet, aller (et retour), cheminement, itinéraire, parcours, déplacement, route, tournée ;
- va-et-vient, allées et venues, navette ;
- défonce (*familier*), trip.

Synonymes d'être toujours en voyage : être toujours par monts et par vaux, être toujours en vadrouille (*familier*).

Si je récapitule, nous avons donc pour « voyage » les mots clefs suivants : ***déplacement***, ***exploration***, ***découverte***, ***mort***, ***cheminement***. Et pour « vacances » : ***arrêt***, ***bouger***, ***vide***, ***repos***, ***changement***. Vous reconnaîtrez que les différences sont subtiles, ce qui explique probablement la confusion entre les deux. Retenons ce qui est important pour la suite de notre travail : dans « vacances », il y a l'idée de repos et dans « voyage » celle de découverte et d'exploration. Et ce qui rassemble les deux, la notion de changement.

Il semble cependant qu'aujourd'hui, lorsqu'on nous demande : « Et toi tu fais quoi pour les vacances ? », si on n'annonce pas une destination fantastique, on se sent un peu comme un loser. Vous sentez le petit regard désolé quand vous dites simplement : « Oh rien, je vais rester chez moi » ? En effet, « être en vacances ne suffit pas, il faut partir en vacances pour être dans la norme » (Christin, 2017).

S'évader, mais comment ?

Sans faire un voyage à l'autre bout du monde, se sentir en vacances nécessite d'avoir l'impression de s'évader. C'est une disposition d'esprit que nous a enseignée le premier confinement. Celui-ci a été relativement bien vécu par certaines personnes, car :

1. Elles pensaient qu'il n'allait pas durer.
2. Elles ont pris simplement le temps de vivre, de ralentir et de faire des choses qu'elles avaient toujours eu envie de faire.
3. Elles ont pris conscience de ce qu'elles voulaient vraiment mettre en place dans leur vie.

Certains partent en voyage, mais en restant psychiquement dans leur quotidien, dans leur boulot, le nez dans leurs e-mails. J'ai été assez marquée par le mari d'une de mes amies. Nous étions partis à plusieurs couples en Italie. Pendant que nous nous amusions et nous nous détendions, lui restait le nez dans son portable du matin au soir à répondre à ses e-mails pros. Évidemment, entre deux réponses, il arborait un visage sinistre. Je demande donc à mon amie si quelque chose ne va pas, est-ce qu'il s'ennuie avec nous ? Elle me répond que non, pas du tout, mais qu'il a des « trucs de taf urgents » et qu'il doit s'en occuper. Ce qui m'amène à ouvrir une petite parenthèse sur les fameuses « urgences professionnelles ».

J'avoue que j'ai toujours eu beaucoup de mal à comprendre l'utilisation de ce terme dans certaines professions, ce qui a occasionné de nombreux débats avec mes amies, travaillant dans la communication ou le marketing. Pour moi, il y a une urgence professionnelle quand quelqu'un est en risque suicidaire, ou bien, sans aller jusqu'au danger de mort, quand un patient fait une attaque de panique massive, quand on découvre une situation de maltraitance, qu'il y a un traumatisme récent lié à une agression, un attentat ou une catastrophe.

Vous l'avez deviné, je n'ai pas la même échelle d'urgence et, quand j'entends que l'urgence est un problème de stocks ou une campagne promotionnelle en retard, mon cerveau se met à *bugger*. J'ai tout de même essayé de comprendre et j'ai fait appliquer à mes amis ce qu'on appelle, en thérapie cognitive et comportementale, la technique de la « flèche descendante » ou du « scénario catastrophe ». Concrètement, cela donnait : « Si tu ne gères pas là maintenant tout de suite ton problème de stock, que va-t-il se passer ? » Je vous passe les étapes, mais la fin était toujours : « Mon entreprise va perdre de l'argent », « Je vais perdre mon boulot », « D'autres personnes vont être virées ».

La peur fondamentale des personnes qui ne lâchent pas leur boulot, c'est donc la perte : perte de boulot, perte d'argent, perte de reconnaissance et, si je pousse un peu plus loin, pour ceux qui ont des métiers-passions, perte d'identité (si je suis moi sans mon métier pendant deux semaines, qui suis-je ?).

Je vous encourage donc, lorsque vous sentez que vous n'arrivez pas à décrocher, à identifier vos peurs afin de bien les distinguer d'un risque réel et objectif. Vous pouvez utiliser la technique de la flèche descendante ou du scénario catastrophe. En partant de : « Si je coupe toute communication avec mon emploi pendant quinze jours alors... » Puis vous continuez votre réflexion avec des « Et donc ? » ou « Ce qui va entraîner le fait que... ».

Par exemple. Je suis avocate, si je coupe toute communication avec mon cabinet pendant deux semaines, mes dossiers vont s'accumuler et je risque de rater des audiences pour lesquelles j'ai travaillé. Et donc ? Je risque d'avoir une mauvaise décision d'un juge si ce n'est pas moi qui plaide. Et donc ? J'ai peur que ça me retombe dessus car c'est moi qui ai fait toute la préparation. Et donc ? Je risque de me faire virer.

Tourisme, j'oublie tout ?

Reprenons nos termes « voyages »/« vacances », auxquels j'ajoute « tourisme » ! Dans son *Manuel de l'antitourisme* (2017), le sociologue Rodolphe Christin définit le touriste comme un « marginal destructeur ». Un peu rude, mais pas toujours faux. Il poursuit : « Le tourisme, souvent érigé comme un droit, un avantage acquis ou à acquérir, est devenu un devoir de vacances pour ceux qui veulent vivre dans la norme. [...] Si le voyage est philosophie, le tourisme est économie, autant que possible profitable. Le premier explore, le deuxième exploite. » Christin distingue donc clairement le touriste du voyageur, il met en avant la part essentielle de découverte de l'autre dans le voyage d'exploration, là où le tourisme se focalise sur la satisfaction effrénée de besoins mercantiles et la surconsommation de services pour oublier ses soucis et se détendre.

L'ailleurs devient une oasis, une échappatoire vitale pour survivre, comme si nous étions en apnée entre deux bulles de respiration : « À l'extrême, partir permet de tenir le coup, dans une quotidienneté que diverses pressions rendraient invivable si l'on devait y demeurer toute l'année, privé du loisir touristique » (Christin, 2017).

Partir est devenu une soupape pour compenser la pression du travail. Plus on va partir loin, plus on va se dépayser et plus on va décompresser, pense-t-on. Sauf que, pour relâcher la pression, l'essentiel n'est pas de faire huit heures d'avion, mais d'examiner dans quelles dispositions on se trouve et de voir comment on va pouvoir faire pour bien aborder ce voyage ou ces vacances.

Mon idée ici n'est absolument pas de dénigrer le tourisme. C'est grâce à cette activité que de nombreux pays maintiennent leur économie (et tout le monde n'est pas capable de prendre son sac à dos et de partir à l'aventure en dormant chez l'habitant). Le cadre et la sécurité qu'offrent les voyages organisés sont rassurants et plus confortables. D'ailleurs, je pense aussi que le touriste peut devenir un voyageur comme les autres, pour peu qu'il prenne en considération quelques valeurs, nous y reviendrons plus loin.

Respectez l'endroit où vous allez !

Un soir, en rentrant de l'école, ma fille de 4 ans me raconte, presque en pleurant : « Maman, j'étais aux toilettes, je prenais du papier pour me sécher les mains après me les être lavées, et la maîtresse de la classe d'à côté est entrée, elle a vu que j'avais pris plein de papier et m'a dit : "Je vais venir chez toi faire la même chose et prendre tout ton papier toilette." J'ai peur qu'elle vienne, maman. Elle sait où on habite ? Tu crois qu'elle va venir voler tout notre papier ? »

Évidemment je trouve profondément cruel de faire peur ainsi à une petite de 4 ans (à bon entendeur !), mais l'idée est juste : ne fais pas chez les autres ce que tu ne ferais pas chez toi. Or c'est un des problèmes majeurs que pose le tourisme (je passe sur les considérations écologiques et la trop grosse concentration d'humains au même endroit, au même moment). À bien y réfléchir, pourtant, en termes de ressources psychiques, on a tout intérêt à faire preuve de bienveillance, de compassion et de respect, puisque de telles dispositions vont venir stimuler tout un ensemble de neurotransmetteurs hyper cools qui génèrent joie et apaisement. Que demande le peuple : on ne ruine pas un pays quand on va le visiter et notre cerveau nous récompense !

Boutade mise à part, je reste parfois extrêmement choquée devant le comportement de certains touristes. Le souvenir qui m'a le plus marquée a eu lieu pendant mon voyage de noces : nous faisions avec mon mari le tour de la Thaïlande. Lors de la visite de l'un des temples les plus sacrés, nous avons eu la chance d'assister à une cérémonie où des jeunes femmes effectuaient des danses rituelles. Eh bien, pendant qu'elles dansaient, certains touristes se mettaient à côté d'elles pour faire des selfies ! Que vous soyez catholique, juif, musulman ou de n'importe quelle autre religion, imaginez qu'en pleine cérémonie quelqu'un monte sur l'estrade pour prendre une photo avec votre prêtre, rabbin ou imam !

Dans les faits, le nombre de touristes n'a cessé d'augmenter depuis le début des années 1950 (mis à part la période très particulière de la crise sanitaire qui a entraîné une pause forcée, parfois fatale pour certains voyagistes ou petits hôteliers). Le phénomène est mondial. De 25 millions de touristes, on est passé à près de 300 millions en 1980 et de 700 millions en 2000. En 2015, on était déjà au-dessus du milliard (Christin, 2017) !

En France, historiquement, les congés payés pour les fonctionnaires apparaissent en 1853, sous Napoléon III. Il faut attendre 1936 pour qu'ils soient étendus aux salariés, qui peuvent alors prendre deux semaines de repos sans perte de salaire. Le nombre de semaines passe ensuite à trois en 1956, à quatre en 1969 et à cinq en 1982. C'est donc un droit assez récent. Le soulagement de pouvoir se reposer tout en étant payé (concernant les professions indépendantes, on attend toujours, mais c'est un autre débat !) a engendré, depuis, une sorte de frénésie dont attestent bien les kilomètres de bouchons au moment des départs en vacances !

Aujourd'hui, le voyage s'est démocratisé, et c'est une bonne nouvelle. Malheureusement, ce formidable levier économique qu'est désormais le tourisme de masse s'est accompagné d'effets souvent néfastes : l'hospitalité des lieux a laissé la place à des prestations monnayées, les habitants se sont changés en prestataires, et les paysages sont devenus de simples décors (Christin, 2017).

Pour ma part, j'explique cet abus de consommation pendant les vacances par une sorte de « lâcher de frustrations ». Nous l'avons vu, les vacances sont associées au désir de rompre avec le quotidien et avec toutes les contraintes qui s'y rattachent. Alors, évidemment, plus on est frustré, inhibé ou contraint dans sa vie de tous les jours, plus l'explosion risque d'être forte en vacances. Une personne globalement épanouie et, surtout, qui se sent plutôt libre n'aura pas besoin d'aller chercher en vacances sa dose de transgression des règles et des limites. Elle saura faire la part entre une inhibition adaptative de ses désirs (exemple, j'attends que les danseurs aient fini pour demander poliment si je peux prendre une photo) et le juste lâcher prise des tensions. Nous verrons d'ailleurs, dans la deuxième partie, combien le simple fait de s'ouvrir à d'autres cultures, de prendre du temps pour observer et découvrir ce qui nous entoure améliore considérablement les bénéfices des vacances : « Le voyageur en profite pour regarder autour de lui, développer une culture du voyage, aller à la rencontre de l'Autre et de l'ailleurs volontairement [...]. Faire de chaque itinéraire un enseignement est une manière de travailler sa présence au monde » (Christin, 2017).

Du « tout inclus » au « tout m'est dû »

Je vous vois venir avec vos sourcils froncés, vous vous dites : « On a acheté ce livre pour pouvoir apprendre à nous ressourcer, à réorganiser nos vacances et notre quotidien, et on se retrouve avec une leçon de morale sur le tourisme... » Patience ! D'abord, mon objectif n'est pas du tout de faire une leçon de morale. Simplement, en comprenant mieux la philosophie globale des vacances, je pense que vous pourrez mieux en profiter.

Le « tout inclus » est même, je trouve, une formidable invention. N'avoir à s'occuper de rien pendant les vacances, ni des repas, ni du ménage, ni de quoi que ce soit, est pour moi le paradis absolu. Le club de vacances *all inclusive* est même parfois LA solution. L'un de ses grands avantages est qu'il permet de rencontrer de nouveaux amis très facilement (en ce qui me concerne, j'y ai rencontré mon mari, d'où mon affection particulière pour ce genre de vacances. *Team* Club Med Punta Cana !). Le gros inconvénient, c'est qu'il nous oblige à cohabiter en permanence avec d'autres gens et nous confronte – parfois avec un grand sentiment d'impuissance – à la force des schémas « tout m'est dû » et « pas de limites ».

Pour rappel, voici la définition que le psychologue américain Jeffrey Young donne de ces schémas (Young, 2005) :

Le schéma droit personnel exagéré

Les patients pensent avoir des droits supérieurs aux autres parce qu'ils sont meilleurs. Ils ont besoin de contrôler et d'obtenir toujours ce qu'ils veulent. Ils sont obsédés par le fait de parvenir au pouvoir, d'avoir du succès. Ils sont exigeants et dominateurs et ne se préoccupent que d'eux-mêmes.

Le schéma contrôle de soi insuffisant

Ces patients ont une tolérance très basse à la frustration. Ils ont du mal à gérer l'expression de leurs émotions. Ils sont impulsifs. Ces patients ont souvent un comportement d'évitement à tout ce qui peut leur être pénible.

Au total, les patients qui souffrent d'un schéma appartenant à ce domaine de manque de limites sont souvent égoïstes, gâtés, narcissiques ou irresponsables. Les parents étaient souvent trop indulgents et manquaient d'autorité et de discipline. Ou bien les parents s'estimaient eux-mêmes supérieurs aux autres et l'enfant a internalisé ce comportement.

Dans la vraie vie, cela donne : je pose ma serviette à 5 heures du matin pour réserver mon transat (sauf que je n'arrive qu'à midi après avoir fait mes douze séances de sport, inclus dans mon forfait) ; au buffet, je prends des assiettes gargantuesques, parce que, quand même, c'est à volonté, il faut en profiter, et je finis soit en en jetant la moitié, soit avec l'obligation systématique de prendre du citrate de bétaïne pour réussir à tout digérer. Le reste du temps, je m'offusque de tout et n'importe quoi : le service est trop lent ; il y a une fissure de 2 millimètres sur le mur de ma chambre (*aka* ma chambre est délabrée) ; l'animateur ne m'a pas redit bonjour pour la douzième fois de la journée avant d'aller dîner (ils sont donc extrêmement désagréables) ; je ne comprends pas pourquoi le chef de village n'est pas là à chaque moment de la journée (comment ça, il n'a pas la faculté de nous géolocaliser tous et de se télétransporter pour qu'on puisse le voir ?)

Je pourrais continuer longtemps, mais vous avez compris le principe : « J'ai payé, donc j'ai le droit et surtout j'ai de grosses attentes ! » Outre le fait que les animateurs et les directeurs d'hôtel restent des humains avec leurs événements de vie, leurs humeurs, je profite de l'occasion pour signaler qu'il est plus efficace, plus doux aussi, de commencer par demander aux gens comment ils vont, s'ils ne sont pas trop fatigués ; ils n'en seront que plus enclins à répondre à vos demandes. Et, attention, je ne dis pas qu'il ne faut jamais rien dire, juste qu'il existe une grosse différence entre formuler une demande ou exprimer un mécontentement et grogner, j'y reviendrai.

Au fond, l'idée est de se poser la question de ses exigences et de ses attentes : sont-elles réalistes ? Ce problème est-il essentiel à mon bien-être ? Si j'apprends à me défocaliser du négatif et à me centrer sur ce qui se passe bien, sur ce que j'apprécie de mes vacances, ne vais-je pas récupérer de l'énergie ? Est-ce que le fait d'exprimer mon mécontentement va changer quelque chose dans la réalité ? Et, plus fondamentalement, ce problème met-il en danger, physique ou psychologique, l'un de mes proches ou bien moi-même ?

Cette dernière question est essentielle.

Faire un scandale au mini-club car les animateurs laissent pleurer des enfants de 3 ans pendant des heures tout seuls dans un coin est légitime, il y a un danger psychologique.

Ne plus avoir de pancakes quand on arrive au petit déj à 11 heures et trouver cela inadmissible : non, c'est un problème de gestion de la frustration.

Le coût de nos vacances entraîne des attentes très fortes et parfois une exigence inadaptée. C'est pour cela qu'il est crucial de travailler en amont sur ses attentes, afin de ne pas être déçu et d'éviter de gaspiller son énergie dans le négatif.

Je voudrais terminer ici avec une anecdote qui m'a beaucoup marquée. L'une de mes amies possédait une agence de voyages de luxe. Elle me raconte un jour avoir envoyé ses clients dans un magnifique endroit lointain avec hôtel paradisiaque. Malheureusement la météo n'est pas au rendez-vous. Évidemment mon amie avait prévenu, ce qu'elle fait toujours, d'une possible détérioration du climat au moment où les gens partent (possible mousson, possible grosse chaleur, possible tempête, etc.). Eh bien qu'ont fait ces clients en rentrant ? Ils ont intenté un procès à mon amie pour « mauvais temps pendant les vacances » ! Ils ont perdu, d'accord, mais il est effrayant de voir jusqu'où on peut aller quand on est bloqué dans son schéma « tout m'est dû » : jusqu'à croire que quelqu'un contrôle la météo !

Le choix des vacances sur Internet : information et désinformation

Entre les superpromotions, les commentaires des clients et les commentaires des professionnels eux-mêmes, il est devenu extrêmement compliqué de s'y retrouver sur Internet. Les avis foisonnent, divergent ou convergent, nous influencent à notre insu et nous conditionnent avant même d'être partis.

Certes, personne n'a envie de partir dans un endroit nul, mais se fier aux commentaires est rarement une bonne idée. Pourquoi ? Parce que la façon d'aborder une expérience change la nature même de l'expérience ! Un avis est par définition subjectif et deux personnes qui vont au même endroit au même moment peuvent revenir avec deux opinions différentes suivant leur état d'esprit. Et puis il y a tous les « faux avis », positifs ou négatifs. Comment voulez-vous faire avec tous ceux qui gonflent une note à coups de commentaires élogieux répétés ou qui, à l'inverse, sabotent, juste pour le plaisir, un endroit où ils n'ont jamais mis les pieds ?

À la question : « Comment être sûr de bien choisir le lieu de ses vacances ? », la réponse est : on ne peut pas ! À moins d'y être déjà allé, et encore… Il n'est possible de contrôler que ce qui nous appartient, en l'occurrence la façon dont nous allons nous comporter pendant lesdites vacances et ce sur quoi nous allons focaliser notre attention pendant notre séjour. Un peu comme dans la vie quoi ! En revanche, les aléas liés au lieu, les retards d'avion, les défauts de la chambre, l'état psychologique de l'équipe d'animateurs, les pannes de voiture pendant le *road trip*, la tente pas étanche ou le voisin qui ronfle dans l'auberge de jeunesse : tout cela ne vous appartient pas. Mieux vaut accepter d'emblée que vous ne pourrez pas tout contrôler, tout maîtriser. Alors oui, c'est *duuuurr*, mais quel gain d'énergie, de sérénité et d'apaisement quand on y arrive au moins un tout petit peu…

CHAPITRE 2

Comment bien choisir ses vacances

Maintenant que nous sommes bien au clair sur les différences entre vacances, voyages et tourisme et que nous avons identifié comment nos attentes et nos exigences conditionnent la façon dont nous allons vivre notre séjour, nous allons plonger un peu plus profondément dans l'analyse.

> Les vacances se préparent.
> Leur perspective permet au sujet de mettre en œuvre tout son imaginaire pour se projeter dans un futur idéalisé afin d'accepter le poids du réel.
> Les vacances tenteraient ainsi de faire entrer en résonance l'imaginaire et la réalité (Lauru *et al.*, 2004).

Quels sont mes besoins et mes attentes ?

Avant de choisir vos vacances, il est important que vous vous questionniez sur ce dont vous avez besoin, là, juste maintenant. Pourquoi ? D'abord, parce que nos besoins sont changeants : partir du principe que, puisque vous avez aimé votre dernier *road trip* au bord des falaises du Grand Canyon, vous devez en refaire un autre peut ainsi être une erreur. Ensuite, le choix des vacances est extrêmement varié et, pour pouvoir faire un choix adapté, il est important que vous soyez connecté à vos besoins mais aussi à vos ressources. Aller visiter l'Asie avec une carte et un sac à dos en dormant chez l'habitant peut vous fasciner et vous faire envie, mais est-ce vraiment fait pour vous ? Passer une semaine dans un hôtel club en *all inclusive* à vous faire dorer la pilule, est-ce vraiment ce qui va vous ressourcer, vous ?

Besoins et/ou envies ?

Un besoin n'est pas une envie. Un besoin est quelque chose qui est vital, ou qui est ressenti comme tel, d'un point de vue physiologique ou psychologique. Une envie, elle, est passagère mais jamais vitale.

Il existe plusieurs classements des besoins. L'un des plus connus est la fameuse pyramide de Maslow, du nom du psychologue américain renommé qui l'a conçue et mise au point. La voici :

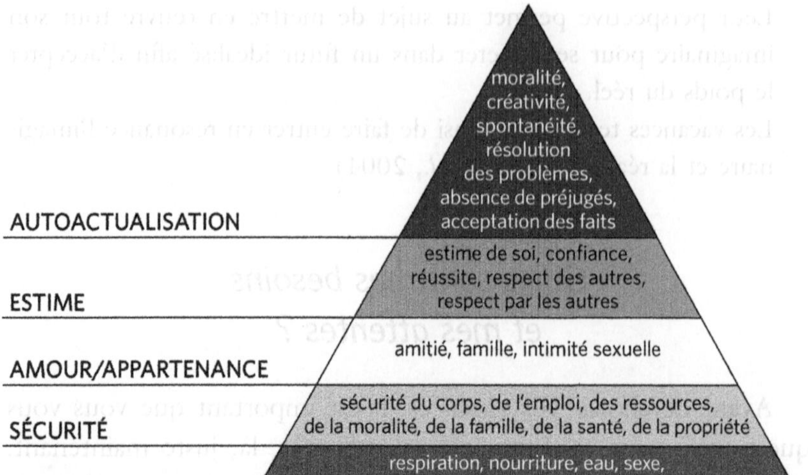

En partant de la base, on trouve donc, en premier, les besoins physiologiques, c'est-à-dire tous ceux qui permettent à votre corps de fonctionner : si on ne boit pas (de l'eau, j'entends !), on meurt. Dans ces besoins physiologiques, certains sont particulièrement importants pour notre sujet, ce sont :

- la respiration ;
- l'alimentation ;
- le sommeil ;
- le sexe (eh oui, le sexe fait partie des besoins physiologiques vitaux pour Maslow !).

Je me permets d'y ajouter l'activité physique, car ses bénéfices sur la santé ne sont plus à démontrer.

En remontant la pyramide de Maslow, on trouve ensuite la sécurité, soit tout ce qui nous fait nous sentir en insécurité, tant d'un point de vue physique que psychologique, si on en est dépossédé (avoir un toit sur la tête, ne pas être en danger au milieu d'une guerre, ne pas être en présence de quelqu'un de maltraitant physiquement ou émotionnellement, etc.).

Ensuite viennent l'amour et le sentiment d'appartenance (se sentir aimé et intégré dans un groupe ou une communauté), puis l'estime, qui sont également des besoins psychologiques vitaux. L'autoactualisation est par exemple le sentiment de pouvoir se réaliser, exploiter son potentiel. Pouvoir expérimenter des choses en accord avec ses valeurs, se sentir compétent. Deux autres étages, non représenté sur la pyramide de base, ont, par la suite, été ajoutés par Maslow, l'un pour le besoin d'apprendre et de comprendre, l'autre pour le besoin d'esthétique relié à la recherche de beauté, à la créativité et à l'harmonie.

Un autre classement a été proposé par le psychologue américain Jeffrey Young qui, dans sa thérapie des schémas, identifie cinq besoins affectifs fondamentaux. Si l'un de ces besoins se trouve carencé durant l'enfance, un schéma vient à se former qui peut fragiliser notre vie d'adulte. Un adulte sain sera une personne qui arrive à combler ces besoins fondamentaux de façon adaptée.

Ces cinq besoins affectifs fondamentaux sont :

- la sécurité liée à l'attachement aux autres (stabilité, sécurité, éducation attentive et acceptation) ;
- l'autonomie, la compétence et le sens de l'identité ;
- la liberté d'exprimer ses besoins et ses émotions ;
- la spontanéité et le jeu ;
- les limites et l'autocontrôle.

Globalement, on retrouve, exprimés d'une autre manière, les besoins identifiés par Maslow.

En m'inspirant de ces deux classifications, j'ai eu envie de vous proposer la mienne, sans doute parce que j'ai souvent fait le constat dans ma pratique que certaines choses manquaient ou n'étaient pas classées de façon cohérente. C'est elle qui nous servira de support de travail dans ce livre.

Pour commencer, je ne fais pas de pyramide ni de hiérarchie des besoins, car cela semble dire qu'un besoin est plus important qu'un autre. Alors oui, si on arrête de manger, on va finir par mourir, mais certains besoins affectifs ou sécuritaires sont pareillement vitaux pour maintenir la santé psychologique : la dépression aussi peut entraîner la mort… Par ailleurs, il ne me semble pas non plus pertinent de séparer les besoins du corps et les besoins de l'esprit : on sait aujourd'hui, au vu des dernières recherches sur le microbiote intestinal par exemple, que le corps et l'esprit sont en constante interaction. Ce qu'on mange ou la façon dont on bouge fait le lit de nos émotions, et inversement.

Voici donc ma proposition de classification de nos besoins fondamentaux :

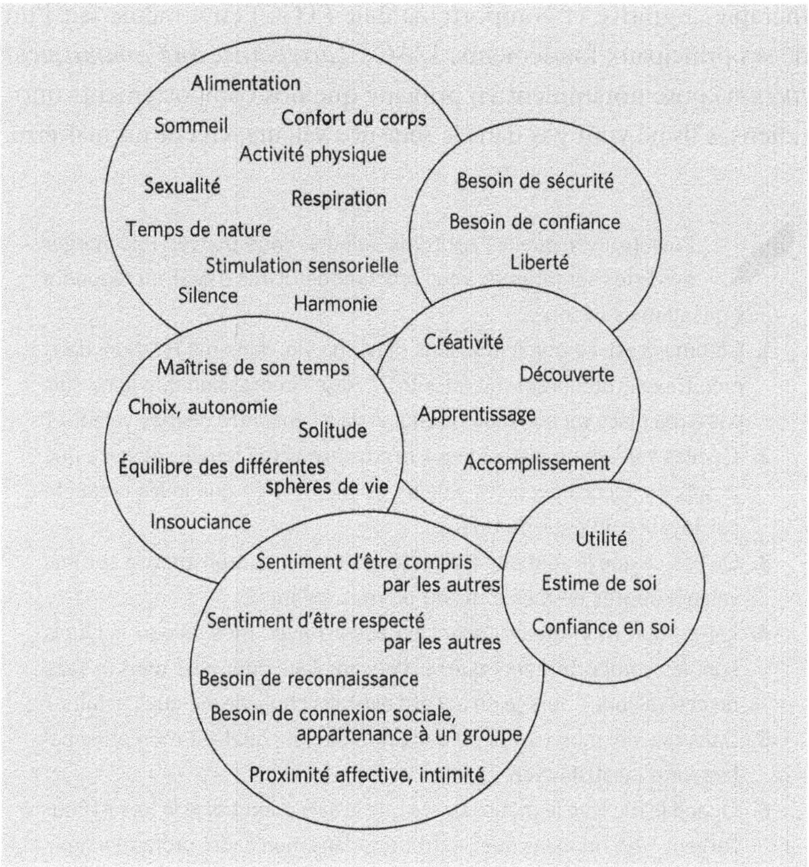

Besoins ou valeurs ?

Il est parfois difficile de faire la différence entre valeurs et besoins. Tout simplement parce que la distinction entre les deux est subtile : une valeur peut parfois être un besoin et un besoin se révéler finalement une valeur.

Derrière nos besoins se cachent souvent des valeurs qu'il est important de connaître, car elles sont constitutives de la personne que nous sommes : il faut donc en tenir compte. Beaucoup d'ouvrages ou d'articles traitent des valeurs. L'un des courants de la thérapie cognitive et comportementale (TCC) en a même fait l'un de ses principaux fondements. L'ACT (*acceptance and commitment therapy*) pose notamment en principe que nos comportements quotidiens, s'ils ne vont pas dans le sens nos valeurs, créent un mal-être.

Pour trouver quelles sont vos valeurs, vous pouvez télécharger des listes sur Internet, vous procurer des livres d'ACT ou répondre aux questions suivantes :

1. Comment est-ce que je me sens dans ma vie, dans ma relation, dans mon travail (ou durant ma retraite) ? Ai-je l'impression que je ne suis pas à ma place ou que mon quotidien va à l'encontre de mes valeurs ?
2. Quelles valeurs ou quels idéaux m'a transmis ma famille ? Est-ce que je suis en accord avec ces valeurs ou bien est-ce que je les respecte par loyauté ou peur du rejet ?
3. Qu'est-ce que je souhaite à mon tour incarner ou transmettre comme valeurs auprès de mes amis ou de mes enfants ?
4. Est-ce que mon quotidien est en accord avec mes valeurs ? Quels sont les comportements que je mets en place pour aller dans le sens de ces valeurs ? Suis-je en accord avec les choix de vie que j'ai faits ?
5. Dans ma vie, mon travail ou dans ma relation, quel est mon principal facteur d'insatisfaction ?
6. Quand je me lève le matin, est-ce que je sais pourquoi je le fais ? (Pour l'argent ? les relations que j'entretiens dans mon cadre professionnel ? mon travail en lui-même ? une activité qui me passionne ?)
7. Si je suis en activité, mon travail a-t-il du sens pour moi et est-il cohérent avec mes valeurs ?
8. Qu'est-ce que je pourrais mettre en place pour réduire les insatisfactions que j'ai identifiées ?

Organiser ses vacances, son temps et sa vie est important mais, pour mettre en place des choses qui vous correspondent, il faut déjà que vous puissiez identifier ce qui vous fait vibrer, ce qui a du sens pour vous : « Vous ne trouverez pas la paix en réorganisant votre condition de vie, mais en prenant conscience de qui vous êtes sur le plan le plus profond » (Tolle, 2003).

À quelle fréquence dois-je partir ?

Il y a quelques semaines, quand je me suis réveillée, la première chose à laquelle j'ai pensé, c'est à mon besoin de vacances. Au bout de quelques minutes, je me suis rendu compte qu'on était fin janvier et que cela ne faisait donc que trois semaines que j'étais revenue de ma semaine de thalasso (je vous en reparlerai)... Pourquoi, au bout de trois semaines, avais-je donc déjà l'impression que je n'étais pas partie depuis trois mois ? L'agacement passé, je me suis dit : ça tombe bien, tu écris un livre sur le sujet, profites-en pour analyser ce qui s'est passé pendant ces trois semaines.

Je vous livre le bilan auquel je suis parvenue après analyse de ma jauge ressource.

• *Retour.* Je suis rentrée de ma semaine regonflée à bloc, détendue (j'avais pris soin de mon corps et de mon cerveau) et pleine de nouveaux projets. Ma jauge ressource était à 100 %.

• *Semaine 1 post-retour.* Grosse semaine de consultations, ouverture de mon deuxième centre à Honfleur, interviews avec plusieurs journalistes. L'une de mes amies d'enfance a aussi décidé, d'un coup, d'arrêter tout contact avec notre groupe d'amis. Ce qui, dans l'ordre, a provoqué chez moi : d'abord, de l'inquiétude ; puis de la peine et de la colère (au moment où j'écris je commence tout juste la phase de réadaptation) ; enfin, un bon claquage à la cuisse qui m'a obligée à arrêter le sport. Ma jauge est descendue à 60 %.

• *Semaine 2.* Je me suis retrouvée bloquée par la neige et je n'ai pas pu me rendre à Paris pour mes consultations, j'ai failli avoir un accident de voiture à cause des routes gelées, j'ai eu des soucis de santé, j'ai lancé le premier *live* du cabinet. J'ai également retrouvé un message envoyé à mes amies expliquant que j'étais un peu moins réactive sur notre groupe WhatsApp car j'étais « sous l'eau » (j'en déduis donc que j'avais beaucoup de travail !). Jauge à 40 %.

• *Semaine 3.* Beaucoup de consultations, pas de sport, car cuisse toujours abîmée. Jauge à 20 %.

Et cela, c'est ce dont je me souviens, j'en ai forcément oublié...

Pourtant, même si, factuellement, cela fait beaucoup (sans compter que je suis maman de deux enfants en bas âge), mon analyse ne m'a pas satisfaite : j'ai l'habitude de gérer beaucoup de choses en même temps. En explorant plus finement ces trois semaines, je me suis aperçue que trois éléments avaient le plus contribué à vider ma jauge ressource : ma cuisse, mes soucis de santé dont la chronicité est particulièrement pénible et, enfin, mon amie d'enfance. Mes besoins prioritaires étaient donc de retrouver confiance en mon corps et de me ressourcer auprès de mes autres amies.

Cette analyse m'a été confirmée par le week-end de la quatrième semaine post-vacances. L'une de mes meilleures amies est revenue de Singapour et nous avons organisé un week-end entre copines. Nous avons passé deux jours à rigoler, à nous occuper de nous, à *booster* notre estime, sans aucune contrainte ni responsabilité. Nous avions 15 ans à nouveau !

À la fin de ce week-end, ma jauge était de nouveau à 100 %. En somme, je n'avais pas besoin de vacances, juste d'un bon week-end entre copines et d'une bulle d'insouciance ! Se caler un week-end comme celui-ci tous les deux mois me paraît d'ailleurs une bonne option pour ralentir la fréquence de son besoin de vacances.

À votre tour, quand vous reviendrez de vos prochaines vacances (préalablement préparées à l'aide de ce livre, bien sûr !), observez votre jauge ressource. Lorsque, de nouveau, vous sentirez le besoin de vacances, faites une petite analyse :

- observez ce qui a épuisé vos ressources depuis que vous êtes rentré ;
- observez les besoins qui n'ont pas été satisfaits ;
- identifiez si ce sont réellement de vacances dont vous avez besoin ou bien d'autre chose.

Tout le monde ne peut pas prendre des vacances tous les trois mois. Néanmoins, si vous prenez conscience de la fréquence de votre besoin de pauses, vous pourrez mieux ajuster votre quotidien.

Par exemple, vous avez besoin de vacances toutes les trois semaines, mais vous ne pouvez pas partir une semaine par mois. Vous pouvez cependant consacrer un week-end par mois à vous faire plaisir, vous recentrer sur vos besoins et évaluer votre jauge ressource.

Combien de temps dois-je partir ?

Combien de temps dois-je prendre pour me sentir ressourcé ? Comme pour la fréquence, la durée de nos vacances ne dépend pas que de nous. Le temps dont on dispose conditionne le contenu de nos vacances et, pour pouvoir revenir reposé, il y a quelques principes de base à respecter.

Tout d'abord si vous avez un décalage horaire : on dit (je ne pense pas que ce soit un fait scientifique, mais c'est vrai que j'ai pu le constater moi-même) qu'on met un jour par heure de décalage horaire pour se recaler. Donc, si vous partez pour l'île Maurice (trois heures de décalage), il faudra compter trois jours avant de vous sentir bien dans le nouveau fuseau horaire.

Ensuite, il faut savoir que, suivant son état de stress, on met en général trois ou quatre jours à se détendre et à relâcher. Nous verrons au chapitre 7 pourquoi et ce qui se passe dans notre cerveau lorsque nous arrivons en vacances. Souvent, au bout du troisième ou quatrième jour de vacances, on ressent un gros coup de mou (c'est d'ailleurs à ce moment-là que de grosses disputes éclatent dans les couples, j'y reviendrai).

Après, il faut encore compter trois ou quatre jours pour recharger les batteries physiques.

Ce n'est donc qu'au bout d'une semaine qu'on commence à réellement profiter !

On en déduit que, idéalement, il ne faut pas partir en dessous de dix jours et qu'il est plus intéressant de partir moins souvent mais plus longtemps, en aménageant son quotidien pour se procurer des temps de pause dans l'intervalle. Le bonus, c'est que c'est beaucoup plus écolo de partir moins et plus longtemps !

Alice Cheron, autrice française qui a créé les « fugues italiennes », évoque également la notion de manque. À savoir que la bonne durée pour partir est lorsque votre entourage ou votre vie commence à vous manquer : « Dans cette réflexion sur la durée optimale de votre fugue, il faut prendre en compte la création d'un précieux atout, le "manque" que vous allez créer. Un manque tout à fait positif de votre entourage, de vos enfants, des lieux de votre quotidien » (Cheron, 2020).

Je crois que ce critère est un peu dangereux ! J'entends déjà certains d'entre vous dire : « Ah bah, si je dois attendre que mon mari/mes gosses/mon taf me manquent, vous n'allez jamais me revoir ! »

Un autre facteur à prendre en compte est le moment de l'année où vous avez le plus besoin de vacances. Ressentez-vous le plus de fatigue à l'approche du mois de juillet ? Le quotidien devient-il plus pesant au mois de novembre ? Êtes-vous sensible à la baisse de luminosité en hiver ? Vous sentez-vous apaisé quand vous êtes entouré d'une belle neige blanche, au chaud sous votre doudoune et votre bonnet, ou bien quand vous êtes en maillot de bain sous 30 °C ?

Vos affinités jouent aussi sur le meilleur moment pour partir : si vous êtes un tournesol, privilégiez les voyages à l'étranger au soleil en plein hiver, cela vous permettra, en outre, de refaire le plein de vitamine D en attendant l'été !

Maintenant, vous allez commencer à construire la carte de VOS besoins. Vous pouvez vous inspirer de celle que je vous ai proposée ou de la pyramide de Maslow. Lisez une première fois tous les besoins qui sont indiqués, puis prenez un moment pour effectuer la méditation suivante.

Comment allez-vous ?

Je veux dire, comment vous sentez-vous vraiment ?
Prenez quelques instants pour fermer les yeux. Observez votre respiration, sans essayer de la modifier, simplement en observant ce qui est déjà là. Étendez ensuite votre attention à l'ensemble de votre corps. Observez la plante de vos pieds, les jambes, le ventre, le thorax, le dos, les épaules, les bras, la nuque, la tête. Comment est votre corps ? Tendu ? fatigué ? douloureux ? plein d'énergie ? relaxé ? De quoi a-t-il besoin ? De repos ? de bouger ? de se défouler ? de se faire chouchouter ?
Prenez le temps de VRAIMENT écouter votre corps. Quels sont les signaux qu'il vous envoie ? Accueillez-le dans sa globalité. Avec ses sensations agréables et désagréables. Sans rejeter quoi que ce soit, sans essayer de modifier ou de vous battre contre quoi que ce soit. Simplement en l'accueillant avec bienveillance à chacune de vos respirations.
Maintenant, observez vos émotions, vos pensées. Votre esprit est-il agité ou plutôt calme ? Que ressentez-vous là, juste maintenant, à cette seconde ? Êtes-vous anxieux ? triste ? angoissé ? Des problèmes sont-ils en train de tourner dans votre tête ? Au contraire, vous sentez-vous apaisé ? serein ? Ressentez-vous de l'ennui ? Votre esprit a-t-il besoin de se calmer ou, au contraire, d'être sollicité ?
Qu'est-ce qui vous manque actuellement ? Du calme ? de la solitude ? des interactions sociales ? du sport ? des loisirs ? faire la fête ? profiter de vos proches ?
À chaque respiration, laissez simplement venir les réponses, tranquillement, sans aller chercher ni forcer quoi que ce soit. Si, au début, rien n'apparaît, soyez patient, comme si vous attendiez le début d'un film, tranquillement, à chaque respiration, moment après moment.

↪ *Écoutez le fichier audio correspondant. Vous trouverez les modalités d'accès en fin d'ouvrage, p. 213.*

Écrivez maintenant en vrac tout ce qui est venu pendant la méditation.

- **Ensuite, notez les trois besoins principaux que vous avez identifiés**

1...

2...

3...

Par exemple :

1. J'ai besoin de rattraper mon sommeil.
2. J'ai besoin de prendre du temps pour moi et sentir que je maîtrise mon temps : lire, faire du sport, bronzer, nager.
3. J'ai besoin de rencontrer de nouvelles personnes.

- **Identifiez maintenant vos envies**

1...

2...

3...

Par exemple :

1. J'ai envie de faire la fête.
2. J'ai envie de soleil.
3. J'ai envie de mer.

- Pour vous inspirer, voici une liste d'envies qui pourra peut-être vous aider.

Envie de : bien manger ; réaliser un rêve ; contribuer à une action humanitaire, à la préservation de la nature, etc. ; soleil ; froid ; nature ; paysage urbain ; partage ; découverte ; jeux ; ne rien faire ; faire la fête ; se cultiver ; retrouver des repères, aller vers quelque chose que je connais bien ; passer du temps avec mes enfants ; passer du temps avec mon mari/ma femme.

Cette liste n'est pas exhaustive et vous pouvez la compléter avec d'autres envies.

Les loisirs ne sont pas futiles. Ils ont toute leur importance. Ils sont même essentiels à notre équilibre mental. Beaucoup de personnes pendant la crise sanitaire ont exprimé le fait que de ne plus pouvoir aller au théâtre, au cinéma, assister à un concert ou voir une expo avait profondément affecté leur humeur : « Le temps de loisir est une nécessité dans toute existence civilisée. Le loisir est propice à la réflexion, la contemplation et la pensée, loin de la servilité des obligations [...]. Le vrai temps de loisir ne consiste pas simplement à se distraire, mais à faire quelque chose qui a du sens » (Onstad, 2018.)

Maintenant que vous avez mieux identifié vos besoins pour vos prochaines vacances, voyons quels sont les différents types de vacances possibles en fonction de ces besoins.

Les différents types de vacances

Il est évidemment impossible de dresser un catalogue exhaustif de tous les types de vacances. En revanche, on peut partir du petit tableau qui suit pour identifier les grandes options qui se présentent.

Type de lieu	Format	Avec qui ?	Objectifs
Mer	Hôtel	En famille	Repos, ressources, détente
Campagne	Club de vacances *all inclusive* avec prise en charge des enfants	Entre amis	Visite ou découverte d'un nouveau lieu
Montagne	Thalasso	En couple	Partage
Urbain	Camping	Seul	Sport, se dépenser
	Location de maison	Seul dans un groupe organisé	Pèlerinage sur des lieux de souvenirs
	Road trip avec hôtels		Voyage initiatique (par exemple ashram en Inde, kibboutz en Israël, chemin de Compostelle, etc.)

	Road trip avec camping		Se dépayser
	Road trip en van		Se cultiver
	Croisière		
	Randonnée		
	Maison d'enfance ou lieu sécurisant, endroits qui consolent		

Certains lieux de vacances permettent de combiner plusieurs options, mais, si, par exemple, vous n'en pouvez plus du quotidien et que votre rêve ultime est de ne vous occuper de rien, les clubs *all inclusive* sont une solution parfaite. Si, au contraire, vous avez besoin de nouveaux horizons, de visiter et découvrir de nouvelles cultures sans pour autant passer des heures sur la route, une croisière peut être indiquée. Dans tous les cas, l'essentiel est de vous poser quatre questions.

1. Quel paysage ?	J'ai envie d'être près de la mer au chaud.
2. Comment ?	Dans un hôtel *all inclusive* mais qui propose également des excursions.
3. Avec qui ?	Avec mes trois meilleures amies.
4. Pourquoi ?	Parce que je ressens le besoin de ne m'occuper de rien, d'une bulle d'insouciance en riant avec mes amies, et de découvrir des paysages que je ne connais pas.

Depuis plusieurs années, j'ai un petit rituel. Je pars seule la première semaine de janvier en thalassothérapie. C'est une semaine très importante pour moi, je me recentre, je prends soin de mon corps, j'ai l'impression de procéder à un *reset* pour commencer l'année. Pendant cette semaine-là, je fais du sport tous les jours, je lis, je médite et je me fais chouchouter.

Je préfère partir seule cette semaine-là. J'ai besoin de rester dans le silence pour vraiment me recentrer et me ressourcer. Cela dit, beaucoup de gens ont du mal à partir seul, à s'imaginer dîner seul ou à se balader seul. Quelle liberté, pourtant, d'être juste entre soi et soi pendant quelque temps ! Aucune contrainte, aucun horaire. Si c'est trop anxiogène pour vous, n'hésitez pas à embarquer votre meilleure amie, mais en vous ménageant des temps de silence et de solitude.

Peu de gens autour de moi pratiquent cette semaine ressource. En préparant ce livre, j'ai découvert un ouvrage intitulé *L'Appel de la fugue*, dont je vous parlais plus haut. L'autrice, Alice Cheron, y raconte ses « fugues italiennes », ces week-ends passés en Italie qu'elle consacre à la reconstruction de ses ressources personnelles en compagnie d'autres femmes. Pour les personnes qui veulent s'échapper, mais qui ont des difficultés avec la solitude pure, j'ai trouvé l'idée très bonne.

Ce qu'il faut retenir, c'est que cette pause doit constituer un vrai espace de respiration. On reprend son souffle et on s'occupe de soi : « C'est une bulle qui nous coupe volontairement de notre monde (les "Autres" n'existent plus), qui nous fait prendre une distance nécessaire pour apprendre ou réapprendre à relativiser et à faire redescendre la pression. C'est un nouveau départ. [...] Le cadre de la fugue, qu'il soit somptueux ou raisonnable, se devra, quoi qu'il arrive, de créer du vide en opposition au quotidien surchargé » (Cheron, 2020.)

Si vous ne partez pas seul, le choix des personnes qui vous accompagnent est absolument crucial. Vous pouvez bien vous entendre avec quelqu'un et ne plus le supporter en vacances parce que vous devez en partager le quotidien. De même qu'il est important de vivre avec son partenaire pour savoir si on est bien fait l'un pour l'autre, il n'est pas certain que la cohabitation avec votre copine Jeannette avec qui vous riez à gorge déployée au boulot se passera bien !

Posez-vous plusieurs questions avant de choisir vos camarades de vacances

- Est-ce qu'on a le même rythme ; sinon, y a-t-il un moyen pour que chacun respecte le rythme de l'autre ?
- Est-ce qu'on aime le même type d'activité ou de non-activité ?
- Est-ce qu'on a la même façon de s'alimenter ? Sinon, est-ce que chacun est disposé à accepter les intolérances ou les choix alimentaires de l'autre ?
- Est-ce qu'on a les mêmes principes éducatifs si on part avec des enfants ?

Observer ses préjugés

La façon dont vous vous conditionnez avant le départ va aussi déterminer la façon dont vous allez vivre vos vacances. Nous verrons dans la deuxième partie que vos vacances peuvent devenir vite un cauchemar suivant l'attitude que vous allez avoir face à une expérience donnée.

Je le répète ici : si vous n'êtes pas responsable des événements extérieurs, de la personnalité de ceux qui vous entourent ou des mésaventures que vous rencontrez en vacances, vous êtes, en revanche, responsable de vos réactions face à eux. C'est difficile à entendre, mais nous sommes souvent nos pires ennemis. Jean-Paul Sartre a écrit que « l'enfer, c'est les autres » ; je pense surtout que l'enfer, ce peut être notre rapport aux autres.

Différents types de préjugés peuvent venir gâcher nos moments de récupération en induisant des réactions qui empêchent de se détendre. En vacances, ce sont principalement les préjugés sur ceux qui nous accompagnent, les préjugés sur le lieu où nous allons et les préjugés sur le pays ou la population que nous découvrons. Je vous encourage donc à examiner les vôtres avant votre départ, pour éviter qu'ils ne conditionnent votre façon de vivre les événements, une fois sur place. En voici quelques exemples pour vous y aider.

- Sur ceux qui vous accompagnent :
  - on ne va pas pouvoir se reposer avec les enfants ;
  - il va encore faire la gueule ou se plaindre de tout ;
  - ils vont encore juger ma façon de faire ;
  - ils vont encore s'engueuler ;
  - nos rythmes ne vont jamais s'accorder ;
  - je ne vais pas supporter sa façon d'éduquer ses enfants.
- Sur l'endroit où nous allons :
  - les clubs tout inclus, c'est pour les beaufs ;
  - le camping, c'est un endroit où on se balade avec son PQ à la main ;
  - au Club Med, on ne visite pas le pays dans lequel on va ;
  - les *road trips*, c'est épuisant ;
  - les retraites de méditation, c'est pour les gens complètement perchés.
- Sur le pays ou la population que nous découvrons :
  - dans tel pays je vais forcément être malade ;
  - dans tel pays, je vais être au milieu de gens sous-évolués ;
  - tel pays est dangereux.

Concernant ce dernier groupe de préjugés, vous noterez que certains s'apparentent à du racisme et entraînent souvent un non-respect du pays visité. Ce qui me questionne : pourquoi aller visiter un endroit qu'on ne respecte pas ?

Examiner ses précédentes vacances

Une autre façon de bien choisir ses prochaines vacances est d'examiner les précédentes. S'il y a eu des obstacles, de quelle façon les avez-vous surmontés ? Si elles ont été agréables et ressourçantes, quels éléments vous ont permis de vous sentir bien ? Qu'auriez-vous aimé faire que vous n'avez pas fait ?

Autopsier ses dernières vacances permet d'identifier des facteurs essentiels à la réussite de celles qui vont suivre. Ne remontez pas trop loin dans le temps, car vos besoins peuvent avoir changé depuis. Par exemple, quand j'étais plus jeune, j'adorais partir avec plein d'amis dans une grande maison au soleil. Maintenant que nous avons grandi (vieilli ?), que nous avons quasiment tous des enfants et des rythmes différents, que les dix bons potes du lycée se sont transformés en vingt potes (en comptant les + 1) avec enfants, ce choix de vacances s'apparente pour moi à un cauchemar.

Vous aussi, assumez vos limites et vos évolutions. À 40 ans, on a souvent moins envie de dormir à dix dans un dortoir avec des matelas par terre ! Et si certains se sentent parfaitement bien et détendus dans leur van, ravis de pouvoir lever le camp dès qu'ils en ont marre, d'autres préféreront un peu plus de confort. Et c'est OK dans les deux cas.

Repensez à vos vacances

- Fermez les yeux et repensez à vos dernières vacances réussies.
- Observez le lieu, les gens autour de vous, ce que vous ressentiez à ce moment.
- Réfléchissez à l'articulation de ces vacances : ce que vous avez fait, avec qui vous étiez, où.
- Prenez maintenant conscience des différents besoins auxquels ont répondu ces vacances, de votre propre comportement pendant ces vacances.

Qu'est-ce que les vacances représentent pour moi ?

Nous arrivons à la dernière étape pour bien cerner ce qui essentiel pour réussir vos vacances : réfléchir à ce qu'elles représentent pour vous.

Sont-elles une bulle d'oxygène ? un temps de découverte ? un temps de rapprochement et de partage avec votre famille ou vos amis ?

Qu'attendez-vous avec impatience quand vous attendez vos vacances ? De pouvoir faire quelque chose en particulier ou, au contraire, d'arrêter de faire quelque chose de spécifique ?

Les pensées qui vous traversent sont-elles : « J'ai urgemment besoin d'une pause » (une pause de quoi ?) ; « Il faut vite que ça s'arrête » (quoi donc ?) ; « Je vais enfin avoir le temps de... » (de quoi ?) ?

Ces questions, et les réponses que vous leur apporterez, renvoient évidemment aux besoins qui sont les vôtres et que nous avons listés précédemment. Toutefois, si vous avez le sentiment que les vacances représentent la vraie vie, si vous ne faites qu'attendre l'arrivée des prochaines sans profiter de rien le reste du temps, si vous êtes en apnée entre chaque départ, alors vous risquez clairement de nourrir des attentes irréalistes et de revenir avec un bon lot de frustrations : « Le tourisme est une compensation thérapeutique permettant aux travailleurs de tenir la distance [...], les espaces lointains, préservés, deviennent indispensables à nos équilibres d'Occidentaux urbanisés, sous pression » (Christin, 2017).

Si vous êtes dans ce cas, vous allez attendre que ces périodes répondent à toutes vos espérances et effacent toutes les déceptions de l'année, comme un moment de réparation total : « On voudrait reconstituer tout ce qui est émietté le reste de l'année, dans un cadre où n'interféreraient plus ces contraintes quotidiennes et où nous serions notre propre chef d'orchestre » (Christin, 2017).

L'écrivain Eckhart Tolle (2021) a établi une distinction précieuse entre le temps horloge (utile pour les aspects pratiques de la vie, pour définir et réaliser une tâche ou un objectif) et le temps psychologique (vivre émotionnellement dans le passé ou le futur) ; dans quel type de temps vivez-vous ? Est-ce que vous centrez votre attention sur comment vous sentir mieux dans l'instant présent, ou bien est-ce que vous vivez en mode rumination du passé et projection dans le futur avec des pensées du type « cela ira mieux quand je serai en vacances » ? Il est d'autant plus important de savoir que les vacances ont le pouvoir de cristalliser un certain nombre de problèmes. Plus on approche du moment du départ et plus certaines émotions peuvent venir nous submerger…

CHAPITRE 3

Les émotions du départ

On peut aimer voyager, aimer être en vacances, mais ne pas aimer du tout partir... En général, les moments de départ suscitent toute sorte d'émotions, positives ou négatives. Certains seront excités, joyeux, impatients à l'idée de partir ; ils adoreront faire leur valise et anticiperont avec plaisir le moment du trajet, qu'il soit en train, en avion ou en voiture. Pour d'autres, en revanche, c'est une épreuve de bout en bout, un vrai parcours du combattant jalonné d'étapes toutes plus redoutables les unes que les autres.

Dans ce chapitre, nous allons décrypter ensemble les émotions qui ont le pouvoir de transformer un départ en vacances en source de souffrance ou de détresse. Nous verrons aussi qu'il existe des stratégies simples et efficaces pour que ce moment du départ coïncide parfaitement avec le début de vos vacances !

Partir ou sortir de sa zone de sécurité

Beaucoup de personnes ressentent un stress au moment du départ. Quand bien même elles ont hâte de se retrouver sur leur lieu de vacances, quelque chose cloche et induit une sorte de malaise, de sentiment déplaisant, voire une franche angoisse.

Brainstormons

Pensez au mot « départ » et notez en vrac les idées qui vous viennent. Ne regardez pas les réponses qui suivent avant d'avoir vous-même fait votre brainstorming.

- Associations autour du mot « départ » :
  - Liberté
  - Séparation
  - Perte de contrôle
  - Insécurité
  - Lâcher-prise
  - Catastrophe
  - Accident
  - Maladie

Vous voyez dans la liste ci-dessus des termes à connotation agréable ou désagréable.

- Prenez les trois termes qui sont pour vous les plus chargés négativement, par exemple :
  - Séparation
  - Perte de contrôle
  - Insécurité
- Prenez ensuite chacun de ces mots et écrivez en face ce à quoi vous le reliez, par exemple :
  - J'ai peur de me séparer de... mes enfants.
  - J'ai peur de perdre le contrôle... sur d'éventuelles difficultés pendant le trajet et de ne pas savoir faire face.
  - Je me sens en insécurité... à partir du moment où je ne connais pas l'endroit où je vais/le chemin pour y aller.

Vous aurez ainsi précisé vos trois principales angoisses de départ.

- Vous pouvez compléter ces indications en vous posant les questions suivantes (Bourgeois, 2018) :
  - Quelles émotions négatives principales freinent la mise en place de vos vacances ?
  - Des personnes de votre entourage viennent-elles perturber votre projet ? Que vous disent-elles ?

- Quelles sont vos tactiques d'autosabotage ? (Exemples : je réserve toujours à la dernière minute, donc il n'y a plus rien ; je programme de beaux voyages que je ne valide jamais ; j'annule mes billets ; je me mets des échéances de travail pour me donner une bonne excuse pour ne pas partir ; etc.)

À partir de là, il est important de faire ce qu'on appelle, en thérapie cognitive et comportementale, une restructuration cognitive.

- En pratique, prenez chacune de vos phrases et demandez-vous comment vous pourriez penser autrement. Qu'est-ce que Micheline (dédicace à toutes les Micheline !) qui, elle, n'a pas du tout ce genre de problème se dirait ? Elle pourrait se dire :
  - Mes enfants sont en sécurité avec ma mère/mon mari/mes amis/ la nounou/etc.
  - J'ai suffisamment de ressource et de capacité d'adaptation pour faire face aux imprévus, les expériences passées me l'ont déjà prouvé.
  - Si je me perds ou que je suis en difficulté, je peux demander de l'aide.

Vous voyez ici que le moment du départ, même s'il n'est pas agréable, peut aussi être une merveilleuse occasion de prendre un temps pour observer ce qui se passe en vous. Au lieu de subir vos angoisses, de vouloir les évacuer ou les rejeter, accueillez-les, observez-les, interrogez-les. En permettant à vos émotions d'exister et à cette partie de vous-même de s'exprimer, vous les apaiserez. Cette partie de vous qui a peur et qui souffre n'aura plus besoin de hurler pour se faire entendre. Même si vous ne l'aimez pas, qu'elle vous gonfle et vous gâche la vie (et vos vacances !), vous pouvez quand même la consoler ou la rassurer ; vous ne vous en porterez que mieux !

Sachez aussi qu'une anxiété de séparation au moment d'un départ ne devient pathologique que si elle présente *au moins* trois des manifestations suivantes (*Mini DSM-5*, 2016) :

1. Une détresse excessive et récurrente dans les situations de séparation d'avec la maison ou les principales figures d'attachement ou en anticipation de telles situations.

2. Des soucis excessifs et persistants concernant la disparition des principales figures d'attachement ou un malheur pouvant leur arriver comme une maladie, un accident, une catastrophe ou la mort.
3. Un souci excessif et persistant qu'un événement malheureux (par exemple se retrouver perdu, être kidnappé, avoir un accident, tomber malade) ne vienne séparer de ses principales figures d'attachement.
4. Une réticence persistante ou un refus de sortir loin de la maison pour aller à l'école, travailler ou ailleurs, en raison de la peur de la séparation.
5. Une appréhension ou des réticences excessives et persistantes à rester seul ou sans l'une des principales figures d'attachement.
6. Une réticence persistante ou un refus de dormir en dehors de la maison ou d'aller dormir sans être à proximité de l'une des figures d'attachement.
7. Des cauchemars répétés avec la séparation comme thème.
8. Des plaintes somatiques répétées (exemples : céphalées, douleurs abdominales, nausées, vomissements) lors des séparations d'avec les principales figures d'attachement ou en anticipation de telle situation.

Pour que votre anxiété soit considérée comme pathologique, il faut aussi que ces peurs persistent depuis au moins six mois (quatre semaines pour les enfants), que ces angoisses viennent altérer votre fonctionnement social ou professionnel et qu'elles ne puissent pas être expliquées par d'autres troubles comme les troubles du spectre autistique, l'agoraphobie, l'anxiété généralisée ou des troubles psychotiques.

La phobie des transports

La phobie des transports peut avoir un effet profondément impactant sur un départ en vacances. Qu'elle concerne le train, la voiture, l'avion ou le bateau, elle gâche le voyage, voire l'empêche carrément.

Dans le classement des phobies (*Mini DSM-5*, 2016), la phobie des transports est considérée comme une phobie spécifique, car elle porte sur un objet ou une situation définis et bien précis (prendre l'avion, par exemple). Elle s'accompagne des caractéristiques suivantes :

A. L'objet ou la situation provoque toujours une peur ou une anxiété immédiate.
B. L'objet ou la situation phobogène est activement évité, vécu avec une peur ou une anxiété intense.
C. La peur ou l'anxiété est disproportionnée par rapport au danger réel engendré par l'objet ou la situation spécifique et par rapport au contexte socioculturel.
D. La peur, l'anxiété ou l'évitement sont persistants, habituellement d'une durée de six mois ou plus.
E. La peur, l'anxiété ou l'évitement causent une souffrance cliniquement significative ou une altération du fonctionnement social, professionnel ou dans d'autres domaines importants.
F. Le trouble n'est pas mieux expliqué par les symptômes d'un autre trouble mental.

Si vous vous reconnaissez dans ces symptômes à l'idée de prendre l'avion, le train, la voiture ou tout autre moyen de locomotion, alors vous souffrez probablement d'une phobie des transports.

Lorsqu'on traite de phobies, on en distingue habituellement deux types : la phobie simple et la phobie complexe. Théoriquement, la phobie des transports est une phobie simple, mais, souvent, elle cache une phobie complexe, car elle cristallise en réalité plusieurs éléments à la fois. Par exemple, la phobie de la voiture peut venir cristalliser une problématique de contrôle, un historique traumatique (comme un deuil) et des accélérateurs de phobie (comme un accident de voiture récent qu'on a soit même vécu ou qu'un proche a vécu) sur un fond de trouble anxieux généralisé. Le traitement risque alors d'être un peu plus long que si vous avez simplement développé une phobie du train après un reportage sur les accidents ferroviaires sans aucun antécédent.

Bonne nouvelle : que la phobie soit simple ou complexe, elle se traite très bien en EMDR (*eye movement desensitization and reprocessing*), combinée aux thérapies cognitives et comportementales. Je vous encourage donc à consulter un psychologue ou un psychiatre spécialisé afin d'alléger vos départs en vacances de cette angoisse. En attendant, voici déjà un petit exercice que vous pouvez faire.

Je travaille sur mes peurs

Dressez une liste correspondant à toutes les situations (par exemple, en lien avec la voiture s'il s'agit d'une phobie de la voiture) qui vous angoissent :

1. Prendre la voiture dans Paris.
2. Prendre la voiture sur le périphérique.
3. Faire un voyage en voiture seul sur l'autoroute.
4. Être passager lors d'un trajet sur l'autoroute.
5. Conduire pendant une heure.
6. Être passager sur un trajet de 3 heures.

Etc.

- Vous allez ensuite classer ces situations *de la moins anxiogène à la plus anxiogène.*

Par exemple :

- Prendre la voiture dans Paris en étant passager : 2/10.
- Prendre la voiture dans Paris en conduisant : 4/10.
- Prendre le périph : 5/10.
- Etc.

- Prenez chacune des situations et identifiez toutes les pensées automatiques négatives qui arrivent dans votre tête quand vous pensez à cette situation. Par exemple, s'il s'agit de prendre l'autoroute :
  - Je vais avoir un accident.
  - Je ne pourrai pas conduire assez vite.
  - Je suis en danger.
  - Je vais perdre le contrôle de la voiture.
  - Etc.
- Mettez ensuite en place des pensées alternatives :
  - Je suis capable de conduire prudemment et j'ai une bonne capacité d'attention.
  - Je peux me mettre sur la voie de droite en *warning* si je sens que j'ai besoin de ralentir.
  - Etc.

- Une fois que vous aurez bien travaillé vos pensées alternatives, prenez un moment pour fermer les yeux et vous imaginer dans la situation la moins anxiogène. Quand vous aurez simulé en imagination cette situation pendant une semaine, exposez-vous à la situation dans la réalité jusqu'à ce qu'elle ne soit plus une source d'anxiété. Passez ensuite à la situation suivante, puis à la suivante, etc.
- Une fois que vous aurez « descendu » toute votre liste, classez vos « situations déclencheuses » en respectant l'ordre chronologique du voyage :
  1. Le moment où j'accepte le voyage en voiture.
  2. Le moment où je fais ma valise.
  3. Le matin du départ quand je dois gérer la préparation des enfants.
  4. Le moment de rentrer dans la voiture.
  5. Quand mon mari démarre.
  6. Quand on arrive sur l'autoroute.
  7. Quand on traverse un tunnel.

  Etc.
- Faites ensuite tout le processus en imagination, étape par étape, en observant bien à quel moment l'anxiété monte le plus. Ne passez pas à l'étape suivante du scénario tant que votre angoisse n'a pas baissé.

En thérapie cognitive et comportementale, on parle de technique d'exposition progressive. Si vous sentez que cela va être très compliqué de faire ce chemin seul, n'hésitez pas à vous faire accompagner. Certains psychologues pratiquent la thérapie par exposition à la réalité virtuelle (faire des expositions à sa phobie de l'avion, ça finit par coûter très cher !).

Concernant les autres psychopathologies qui peuvent intervenir dans les émotions du départ (comme l'anxiété généralisée, la phobie sociale ou l'agoraphobie), je ne les aborderai pas ici, car cela ne concerne pas uniquement la peur des départs et dépasse donc le sujet de notre livre. Vous pouvez cependant vous procurer l'excellent ouvrage *La Peur d'avoir peur* (Letarte, Marchand, Seidah, 2018). Lorsqu'on voyage, « on se sépare de soi, on se métamorphose, on retrouve la liberté d'aller vers soi et vers le monde.

C'est sans doute pour cela que partir donne toujours ce même frisson tissé d'inquiétude et de joie » (Cianni, 2016).

Départ ou fuite ?

Au moment de partir, dans quel état êtes-vous ?

Êtes-vous sur les rotules, dans le fond du seau, au bout du rouleau, écrasé par une charge mentale énorme ou plutôt en forme, excité à l'idée d'avoir un petit *break* ?

La façon dont se passe un départ dépend grandement de son contexte de vie au moment dudit départ. Avant de partir en vacances, on a tendance à accélérer (je dois finir tous mes dossiers avant de partir, faire tous les devoirs des enfants, ranger toute la maison, etc.), alors qu'en réalité on devrait RALENTIR. Quand vous avez fait une grosse séance de sport, vous ralentissez, vous vous étirez et vous récupérez avant de passer à autre chose. En sortie d'autoroute aussi, il y a une voie de décélération : si on arrive pleine balle dans un village de campagne à 130 km/h, on risque de potentiellement se prendre un tracteur (spéciale dédicace aux phobiques de la voiture). Eh bien, pour les vacances, c'est pareil, c'est un moment de transition et il faut apprendre à décélérer. Ce qui, concrètement, veut dire : se mettre en vacances avant d'être en vacances !

Alors, soit vous vous autorisez à prendre un jour au moins avant de partir pour faire vos valises tranquillement, terminer ce que vous avez à faire sereinement et entrer petit à petit dans un nouveau rythme, soit c'est impossible pour vous (et à l'impossible nul n'est tenu !) et vous vous autorisez à ralentir tout en continuant à travailler. Cela vous fera, en plus, gagner quelques jours dans la phase de relâchement qui accompagne toujours le début des vacances.

Dans la même logique, il est important de prendre conscience que plus vous êtes épuisé et stressé, et plus vos vacances auront besoin d'être longues pour permettre une vraie récupération. Partir quatre jours quand on est au bout du rouleau, c'est mieux que rien, mais malheureusement la récupération risque de ne pas durer…

La fatigue dans tous ses états

La fatigue est le mal du siècle. De plus en plus d'articles, de livres paraissent pour essayer de comprendre pourquoi nous sommes aussi fatigués. Des psychologues, des psychiatres, des généralistes se spécialisent dans les troubles du sommeil. Le docteur Adrian Chaboche, médecin généraliste et hypnothérapeute à Paris a étudié avec son confrère Léonard Anthony[1] pourquoi nous avons tellement de mal à être en forme : « La fatigue, ou asthénie, est un motif de consultation fréquent en médecine générale, puisqu'elle toucherait entre 10 et 15 % des hommes et 20 % des femmes » (Anthony, Chaboche, 2018).

Est-ce l'alimentation ? le manque de sport ? le manque de nature ? les écrans ? le rythme effréné du quotidien ? Quoi qu'il en soit, la fatigue est de plus en plus présente, et ce dès le plus jeune âge. Léonard Anthony et Adrian Chaboche, proposent une idée intéressante : la première étape pour lutter contre la fatigue est d'arrêter de lutter contre. Tout comme pour les émotions douloureuses, les douleurs chroniques ou les pensées parasites, l'accueil de ce qui est désagréable est le premier pas pour aller mieux. Ce qui ne veut évidemment pas dire ne rien faire ou se laisser écraser, mais simplement accueillir quelque chose qui est là de toute façon : « Si on ne craint pas la fatigue […], alors il est possible que l'on se sente déjà moins fatigué. Tout simplement parce qu'en renonçant, encore une fois, à se battre, on cesse d'ajouter du stress à l'épuisement physique légitime » (Anthony, Chaboche, 2018).

Cela étant dit, il existe plusieurs types de fatigue, et il est indispensable d'identifier ce qui pompe votre énergie pour pouvoir

1. Léonard Anthony, auteur de plusieurs ouvrages sur le sujet et expert en charge du projet « Fatigue et attention » à l'université Paris-I-Panthéon-Sorbonne.

travailler dessus. Avant de prendre des vacances, prenez donc le temps d'évaluer votre état de fatigue. Dans l'idéal, les vacances et les voyages devraient être un moment de repos, pas de convalescence.

Arriver épuisé en vacances peut d'ailleurs avoir de nombreuses conséquences. Vous risquez de tomber malade (souvent les professions libérales qui n'ont donc pas de réels arrêts maladie ont cette fâcheuse tendance !), vous risquez de vous disputer avec votre partenaire ou avec vos enfants, mais surtout vous allez passer vos congés à récupérer et non à profiter : « À la minute où vous relâchez, les défenses relâchent également et laissent la place à différents symptômes : maux de tête, fatigue, douleurs, nausées. Les week-ends ou les débuts de vacances que l'on espérerait réparateurs peuvent alors bien se passer au lit » (Galo, 2016).

Pour commencer, nous allons donc faire le tour des différents types de fatigue qui existent afin que vous puissiez reconnaître la vôtre.

Fatigue chronique ou réactionnelle ?

Dans un premier temps, essayez d'identifier si vous souffrez de fatigue chronique ou réactionnelle. Avez-vous l'impression d'être toujours fatigué, quelle que soit votre activité, votre charge de travail, le lieu où vous êtes ou la météo ? Dans ce cas, c'est de la fatigue chronique. Au contraire, avez-vous identifié une série d'événements qui vous a épuisé ? Avant ces événements, comment vous sentiez-vous ? Bien ? Alors votre fatigue est une fatigue réactionnelle.

Étape suivante : éliminer d'éventuelles causes organiques avant de mettre en place des stratégies psychothérapeutiques.

La fatigue physique

L'une des premières questions que je pose lors d'un premier entretien avec mes patients est : « De quand date votre dernier bilan sanguin ? » Il est absolument inconcevable pour moi de commencer à traiter des problèmes psy sans avoir éliminé d'abord toutes les causes organiques. De plus en plus d'études montrent à quel point notre corps et notre cerveau interagissent, et faire abstraction de cette donnée peut conduire à des erreurs diagnostiques dont les conséquences sont parfois assez graves. Une fatigue peut être due à des carences, mais aussi à des maladies. Par exemple, le manque de fer ou de vitamine D, très fréquent dans la population générale, entraîne habituellement de fortes fatigues. Une hypothyroïdie (dysfonction de la thyroïde) peut également induire un ralentissement physique en provoquant un état dépressif...

Mieux vaut donc demander à votre médecin traitant de vous prescrire une prise de sang complète. Une fois que c'est fait, examinons votre alimentation.

COMMENT VOUS ALIMENTEZ-VOUS ?

Dis-moi ce que tu manges, je te dirai comment tu te sens !

Les études sur le microbiote intestinal et ses effets sur notre état psychique sont absolument fascinantes. Pour rappel, le microbiote est l'ensemble des micro-organismes présents sur la peau et les muqueuses, la plus grande diversité de ces micro-organismes se trouvant dans notre côlon. Cette charmante petite population que nous abritons est en constante interaction avec différentes parties de notre corps et notamment notre cerveau.

On sait aujourd'hui que la sérotonine (l'un des neurotransmetteurs responsables de notre humeur) est majoritairement sécrétée dans notre ventre (d'où son nom de deuxième cerveau), mais l'incidence directe de notre alimentation sur notre état d'humeur et de fatigue semble aller bien plus loin encore : ce qu'on mange pourrait même venir à bout de certaines dépressions résistantes !

Ce qui nous ramène au microbiote qui se forme essentiellement avec nos apports alimentaires. Les études sur le sujet sont en plein essor et nous commençons à avoir des données probantes, même si certaines interactions demeurent encore un peu floues. Par exemple, une étude sur les relations entre microbiote et troubles du sommeil semble bien montrer une amélioration des troubles chez les patients ayant suivi un régime particulier ; on ne sait pas, en revanche, si ce sont les troubles du sommeil qui entraînent le déséquilibre du microbiote ou le déséquilibre qui favorise les troubles du sommeil (Neroni, 2021). Une autre étude de 2021 paraît montrer une amélioration notable de l'humeur après des traitements à base de probiotiques, prébiotiques et postbiotiques (Chudzik, 2021).

Bref, même si c'est pénible à entendre pour certains, il est urgent d'observer ce que nous mettons dans notre assiette. L'idée n'est évidemment ni de faire un régime ni de se priver (on ne va pas se rajouter des frustrations, on en a déjà assez !), mais de vérifier qu'on mange bien les aliments qui nous conviennent et qu'on diminue ceux qui ne nous conviennent pas. Si on est intolérant au gluten (sans pour autant avoir de maladie cœliaque), mais qu'on adore les pâtes et les pains au chocolat, on essaie déjà de réduire un peu, sans se priver. On a aussi le droit d'assumer qu'on veut une bonne platée de carbo, en sachant qu'on va être épuisé et ballonné ! L'essentiel est d'être bien clair sur ce qu'on fait et d'en connaître les conséquences.

Entre mes patientes, mes amies et moi-même, je suis devenue une vraie experte en applis, en régimes et en coaching alimentaire. Cela n'engage que moi, mais je vous livre deux pistes qui ont retenu mon attention. La première est un petit truc très simple pour apprendre à équilibrer son assiette : la moitié de l'assiette est remplie par des légumes, un quart de l'assiette par des protéines et le quart restant par des féculents. La seconde est une appli sur l'équilibrage alimentaire que je trouve particulièrement bien faite, elle s'appelle Noom et a été mise au point par des psychologues spécialisés (seul bémol, au moment où j'écris ces lignes, elle n'existe qu'en anglais).

COMMENT DORMEZ-VOUS ?

Vous l'aurez deviné, un autre facteur à prendre en compte dans la fatigue physique est évidemment la qualité du sommeil, de moins en moins bonne chez une grande partie d'entre nous.

Examiner le sommeil, c'est observer plusieurs facteurs :
- le temps et l'horaire d'endormissement ;
- les réveils nocturnes ;
- la fatigue au réveil ;
- les états de somnolence durant la journée.

Je ne détaillerai pas ici l'ensemble des troubles du sommeil et de leurs causes qui sont multiples (mauvaise alimentation, mauvaises habitudes, symptôme d'un trouble psychologique, etc.). Néanmoins, de même qu'on ne peut construire une maison sur un sol instable qui menace de s'effondrer sous nos pieds, on ne peut pas travailler sur son état de fatigue sans d'abord réparer son sommeil. Le manque de sommeil a, entre autres, un impact considérable sur notre état d'humeur.

Nous connaissons tous les principes de bases pour améliorer nos nuits : se coucher avant minuit, ne pas regarder des écrans dans son lit juste avant de dormir, ne pas manger trop gras et trop sucré le soir. Je pense aussi que nous avons chacun une sorte de rythme naturel qui nous est propre et qui nous convient (on l'observe plus facilement pendant les vacances).

Pour connaître votre rythme naturel

Posez-vous les questions suivantes :
- De combien de temps de sommeil ai-je besoin pour me sentir reposé ?
- À quelle heure est-ce que j'aime me coucher ?
- À quelle heure est-ce que je me réveille spontanément ?

Si vous n'êtes pas du matin et que votre travail vous oblige à vous lever à 6 heures, vous risquez clairement d'accumuler une dette de sommeil !

Il est très compliqué d'aller à l'encontre de son rythme naturel. Malheureusement, nous n'avons pas toujours le choix et les rythmes sociaux privilégient généralement les lève-tôt couche-tôt. D'ailleurs, ne dit-on pas : l'avenir appartient à ceux qui se lèvent tôt ? Mon dicton à moi est : « La vie n'existe pas avant 9 heures. » J'envie beaucoup les gens qui sont pleins d'énergie à 6 heures du matin, ou ceux qui n'ont besoin que de cinq heures de sommeil pour se sentir requinqués. En ce qui me concerne, me lever avant 9 heures est une torture. Ça l'a toujours été et ça le sera probablement toujours. En revanche, je suis capable de faire des réunions jusqu'à 22 heures sans problème.

Acceptez votre rythme naturel et essayez du mieux que vous pouvez de caler votre quotidien sur ce rythme. Un jour, peut-être, les rythmes scolaires et professionnels s'adapteront aux rythmes des humains.

COMMENT BOUGEZ-VOUS ?

Tout comme le sommeil et l'alimentation, l'activité physique est indispensable au bien-être. Les sécrétions d'endorphine provoquées par le sport donnent la pêche. Certains seront plus réceptifs à une activité douce, d'autres à quelque chose de cardio. Vous pouvez également être plus à l'aise dans des sports individuels ou préférer l'émulation du groupe, peu importe : l'essentiel est de bouger !

On entend souvent : « Ah, mais moi je ne suis pas sportif, je n'aime pas le sport, ça me soûle ! » Je n'y crois pas une seconde. Parmi toutes les activités physiques qui existent, il y en a forcément une qui va vous amuser. Équitation, yoga, course, danse, tennis ? Quelle que soit votre activité, n'oubliez pas que l'important est de vous amuser, pas de faire une performance.

Vous pourrez d'ailleurs profiter de vos vacances pour observer ce qui vous fait du bien. Est-ce que vous marchez plus que d'habitude ? Vous avez nagé ? Vous avez pris les cours de *fitness* du club ? Vous avez fait du beach-volley ? Vous avez passé tout simplement plus de temps dehors ?

Je fais l'état des lieux de ma fatigue physique

- Nous avons déterminé les différents éléments qui peuvent entraîner une fatigue physique :
  1. Des carences.
  2. L'alimentation.
  3. Le sommeil.
  4. Le manque d'activités physiques.
- Faites maintenant un petit état des lieux de ces quatre éléments :
  - Étape 1 : je *checke* mes carences avec un bilan sanguin complet.
  - Étape 2 : je *checke* mon alimentation avant les vacances et pendant les vacances. Je trouve les aliments qui me font du bien avec l'aide d'un professionnel (si besoin).
  - Étape 3 : j'observe mon rythme de sommeil naturel et je réfléchis à la façon dont je peux m'en approcher le plus possible au quotidien, malgré les contraintes.
  - Étape 4 : je me questionne sur mon activité physique hors vacances et pendant les vacances.

Après le corps, observons maintenant ce qui se passe dans votre tête.

Les fatigues psychiques

Comment ça « les » ? Eh oui, il y a différentes formes de fatigue psychique ! Et pour pouvoir agir dessus, la première étape, ici encore, est d'identifier celle qui vous concerne…

LA FATIGUE MENTALE (OU CHARGE MENTALE)

Ah ça y est, encore une psy qui va nous bassiner avec la charge mentale des femmes… Je plaide coupable ! Je vous rassure tout de même, je ne vais pas faire un exposé sur les recherches récentes qui montrent que les femmes gèrent toujours beaucoup plus de tâches que les hommes. Pour la simple raison que ce qui m'intéresse ici n'est pas tant le nombre de tâches à gérer que la façon de traiter les informations qui y sont liées. Et que cela vaut pour les deux sexes.

La charge mentale, cette espèce de poids qui pèse sur notre cerveau, est moins liée au nombre de tâches à accomplir qu'à la surcharge des pensées en lien avec ces tâches. Pour le dire autrement, elle a plus à voir avec le fait de penser à l'exécution de tout ce que nous devons faire qu'à leur exécution en elle-même.

Lorsque nous avons plusieurs dossiers en cours, nous pouvons les traiter comme ceci :

- traiter tel dossier professionnel ;
- préparer telle réunion ;
- terminer tel travail ;
- programmer les activités extrascolaires des enfants ;
- gérer les problèmes de nounou ;
- prendre rendez-vous chez le veto pour le chien ;
- appeler la maîtresse pour comprendre telle remarque dans le cahier.

Ou bien comme cela : traiter tel dossier professionnel, préparer telle réunion, terminer tel travail, programmer les activités extrascolaires des enfants, gérer les problèmes de nounou, prendre rendez-vous chez le veto pour le chien, appeler la maîtresse pour comprendre telle remarque dans le cahier, dire à chéri de pas oublier de mettre le maillot de bain dans le sac de piscine demain, etc.

Dans le premier cas, il s'agit d'un traitement séquentiel ; dans l'autre, d'un traitement simultané. Ce qui fait mal au cerveau, c'est le traitement simultané !

Observez-vous : de quelle façon traitez-vous les infos ?

Pendant que vous vous occupez d'un problème, est-ce que vous pensez déjà à celui d'après ?
Avoir 842 dossiers ouverts en même temps est épuisant, et il est très difficile d'apprendre à en fermer un avant d'en ouvrir un autre. Difficile,

mais pas impossible. Lorsque vous serez en vacances, d'ailleurs, il sera indispensable de fermer tous les dossiers. Même ceux qui sont encore en cours...

Rappelez-vous pendant le confinement, quand vous étiez en train de travailler tout en vous occupant de vos enfants. Le résultat est que vous faisiez probablement mal les deux et étiez stressé. Lorsqu'on tente de régler plein de trucs en même temps, on met son cerveau dans le même état de tension.

La communication numérique, les réseaux sociaux, les écrans dans tous les sens nous entraînent malgré nous vers un traitement simultané permanent : « Consulter plusieurs médias numériques en même temps (vérifier ses e-mails tout en envoyant un texto et en faisant une partie de jeu vidéo) est facteur de dépression et d'angoisse sociale dans toutes les catégories d'âge » (Onstad, 2018).

Personnellement, je me suis mise au défi de réussir à finir ce livre avant de prendre de nouveaux projets. Pour l'instant, j'y arrive, j'ai tout temporisé avec cette phrase magique : « Oui, merci, cela m'intéresse beaucoup, mais pas avant telle date. » On verra si je tiens jusqu'à la fin du livre !

LA FATIGUE ÉMOTIONNELLE

Trop de stress, d'angoisse, de colère, de tristesse épuise. Cette fatigue émotionnelle peut être réactionnelle à plusieurs événements qui se sont enchaînés (deuil, trauma, actualités anxiogènes, inquiétude pour un proche, etc.) ou bien être associée à un trouble psychique comme la dépression ou le trouble anxieux généralisé.

Dans tous les cas, lorsqu'on est fatigué émotionnellement, on se sent vulnérable et on a tendance à surréagir. Tout devient un problème, le moindre obstacle est comme une montagne à gravir. Chaque événement est une goutte d'eau qui fait déborder le vase. Bref, on ne supporte plus rien, notre fenêtre de tolérance est dépassée.

Au quotidien, le stress et l'anxiété sont des émotions qui épuisent le corps et l'esprit, mais il y a des différences entre les deux.

Le stress est déclenché par un élément particulier : souci professionnel ou familial, embouteillage, difficultés financières, problème de santé personnel ou dans notre entourage, etc. Les pensées négatives se concentrent sur la situation présente. On ressent un manque de ressources, on éprouve le sentiment de ne plus pouvoir faire face. Alors, certes, le stress s'arrête quand le déclencheur disparaît, mais les réactions biologiques qu'il induit sont loin d'être négligeables :

- l'hypothalamus dont le rôle est le maintien des fonctions vitales s'active ;
- les médullosurrénales libèrent l'adrénaline et provoquent l'accélération du rythme cardiaque, de la respiration et entravent la digestion ;
- le corps secrète du cortisol qui, à terme, finit par dégrader les protéines, provoquer une hyperglycémie sanguine et une hypercholestérolémie ;
- l'hippocampe qui est responsable, entre autres, de notre mémoire, tente de réguler le cortisol en calmant l'hypothalamus, mais peut s'épuiser, entraînant des états anxiodépressifs, des troubles mnésiques et des difficultés d'apprentissage.

L'anxiété, quant à elle, présente d'autres caractéristiques. Elle est notamment plus diffuse et persiste même en l'absence de déclencheur défini. Elle peut conduire à craindre quelque chose qui n'est pas encore arrivé ou qui n'existe pas. Par exemple, vous êtes guéri de votre maladie, mais vous continuez d'avoir peur d'une éventuelle rechute… Les sécrétions des différents neurotransmetteurs et hormones de stress seront plus chroniques.

LA FATIGUE DÉCISIONNELLE

La fatigue décisionnelle peut être une conséquence de la fatigue mentale. Elle affecte tous ceux qui sont en permanence confronter à des choix ou des prises de décision, les cadres dirigeants comme les mères de famille ! Il en résulte, à force, une sorte d'essoufflement, puis la sensation de ne plus y arriver du tout : la moindre décision à prendre provoque un blocage cognitif ou suscite un état d'angoisse.

Pour mieux gérer cette fatigue décisionnelle, Matthieu Ricard propose les six conseils suivants (2021) :

1. Réduire le nombre de choix à faire.
2. Lâcher du lest.
3. Se faire confiance.
4. Se donner un délai.
5. S'en tenir à ses choix.
6. Hiérarchiser les urgences.

LA FATIGUE COMPASSIONNELLE

Il n'est pas rare d'entendre des médecins, des psychologues ou des assistantes sociales faire part d'un état d'épuisement lié à l'empathie qu'ils éprouvent pour leurs patients. Souvent invoquée par les professionnels du soin et de l'aide, cette fatigue compassionnelle peut aussi être ressentie par des parents confrontés à un enfant qui est en difficulté physique ou psychique, ou vis-à-vis d'un conjoint en difficulté psychique. À son paroxysme, elle entraîne une surcompensation par arrêt de l'empathie, les émotions de l'autre (même de son enfant, oui !) étant ressenties comme envahissantes et oppressantes.

La fatigue compassionnelle est culpabilisante. On sent que l'on se déconnecte, que l'on perd patience. Cette culpabilité ne viendra que freiner davantage notre capacité à prendre du repos. Mais s'autoriser à s'arrêter et se ressourcer est pourtant l'unique moyen de récupérer de l'empathie et de la compassion. Soyez bienveillant avec vous-même, prenez soin de vous et vous pourrez de nouveau vous occuper des autres : « Le bien-être, c'est peut-être [...] accepter d'abandonner le rôle que nous jouons quand nous faisons semblant d'être en forme et disponibles, et affirmer simplement que nous sommes fatigués et que nous avons vraiment besoin de nous reposer » (Anthony, Chaboche, 2018).

Fiche récap 1 : avant vacances

Comme nous l'avons vu tout au long de cette première partie, des vacances réussies et ressourçantes sont d'abord des vacances équilibrées entre nos différents besoins. Avant de partir, ayez donc bien en tête tous ceux que vous avez listés au fil de votre lecture.

1. J'identifie si j'ai besoin de vacances, de faire un voyage ou des deux.
2. J'examine ce qui a épuisé mes ressources depuis mes dernières vacances.
3. J'examine les besoins qui n'ont pas été satisfaits.
4. J'identifie le moment de l'année ou j'ai le plus besoin de vacances et je prévois de partir à ce moment-là.
5. J'identifie mes trois principaux besoins du moment grâce à la méditation sur les besoins.
6. Je réponds aux quatre questions suivantes pour choisir mes vacances :
   - Quel paysage ?
   - Comment ?
   - Avec qui ?
   - Pourquoi ?
7. J'identifie mes attentes concernant mes prochaines vacances et je vérifie si elles ne sont pas irréalistes.
8. J'identifie mes trois principales angoisses de départ, les pensées négatives associées et je mets en place des pensées alternatives.
9. Si je souffre d'une phobie des transports, j'effectue les exercices proposés ou je vais voir un psychologue ou un psychiatre formé en thérapie cognitive et comportementale ou en EMDR.
10. J'effectue mon état des lieux de fatigue, je détermine le temps de vacances dont j'ai besoin et, surtout, je pense à ralentir deux jours avant mon départ.

DEUXIÈME PARTIE

Pendant vos vacances

CHAPITRE 4

Quelques notions de base à emporter dans sa valise

Avant de partir, il est important d'avoir conscience de trois éléments fondamentaux qui peuvent ruiner vos vacances et surtout vos ressources. Ce que l'on va chercher en vacances c'est la possibilité de relâcher et, comme on le verra, de se détendre du cortex préfrontal ! Or le besoin de contrôle, par définition, est l'ennemi du lâcher-prise. Les personnes qui ont besoin de tout gérer, planifier à la seconde près, risque d'avoir beaucoup de mal à profiter de ce temps de pause. De la même façon, la culpabilité du repos maintient un état de tension et de rumination qui freine la capacité de se ressourcer.

Par ailleurs, suivant les personnes avec qui vous allez partir, la capacité de vous affirmer et d'exprimer vos besoins pourra prévenir toute frustration et tout ressentiment épuisant.

Le besoin de contrôle

Nous l'avons vu à propos des émotions (voir chapitre 3) : les personnes qui ont un fort besoin de contrôle sont souvent très stressées au moment de partir en vacances. Le sentiment d'insécurité qu'elles éprouvent les empêche de profiter de ce départ tant attendu, quand il ne les ronge pas de l'intérieur pendant toute la durée de leur séjour ! Vous allez me dire que vous le savez et que, oui, bien sûr, dans la vie, on ne peut pas tout contrôler, mais je peux vous assurer qu'entre l'intégrer de façon rationnelle (évidemment que je sais que je ne contrôle pas la météo ni les retards de transport !) et l'intégrer émotionnellement (je suis complètement détendu face à l'imprévu car j'ai confiance en ma capacité à faire face), il y a un *gap* ! (Donc ça m'angoisse de ne pas savoir exactement ce qui va se passer et surtout si je vais pouvoir le gérer).

Avoir besoin de contrôler le planning de ses vacances à la minute près, vouloir remplir tous les blancs de peur de s'ennuyer (ou de faire face à soi-même) revient à refuser tout imprévu et à limiter sa capacité d'adaptation. Ce qui signifie que, au moindre grain de sable, c'est la panique. Mieux vaut garder l'esprit ouvert et accueillir ce qu'on va vivre en se défaisant de tout conditionnement et de toute attente. Donc s'ils ont annulé le beach-volley de 16 h 30 à cause du vent, on ne se roule pas par terre en criant au scandale, on n'hyperventile pas parce qu'on a un trou d'une heure dans son planning, on se pose tranquillement avec son cocktail et son livre sur son transat. Vous pourrez être agréablement surpris de ce qui pourra se passer. Par exemple, Jacqueline allongée sur le transat à côté de vous un peu déçue, car, elle aussi, on lui a annulé son cours de Pilates, va peut-être devenir votre future meilleure amie : « Ne rien savoir, c'est s'initier à l'attente et à ses surprises » (Cianni, 2016).

S'empêcher de vouloir tout contrôler ne veut pas dire arrêter d'organiser tout ce qu'on a envie de faire. On peut parfaitement prévoir des activités, une séance de sport, sa méditation du matin ou toute autre chose qui vous fait frémir de joie rien que d'y penser. Mais ne vous enfermez pas dans une rigidité protocolaire ! Faites de la place à l'imprévu, maintenez une certaine flexibilité et ouvrez-vous à la surprise et à la nouveauté ; cela vous aidera pendant vos vacances à garder un état d'esprit serein, tout en vous économisant les agacements et les rancœurs liés à ces minuscules grains de sable qui viennent gripper même les mécaniques les mieux huilées. Je le répète : pour se mettre en mode vacances, votre cerveau a besoin de lâcher prise, c'est-à-dire d'arrêter de tout planifier et contrôler : « Lâcher prise, ce n'est pas se montrer indifférent, mais simplement admettre que l'on ne peut agir à la place de quelqu'un d'autre. Lâcher prise, ce n'est pas couper les liens, mais prendre conscience que l'on ne peut contrôler autrui. Lâcher prise, ce n'est pas être passif, mais au contraire tirer une leçon des conséquences inhérentes à un événement. Lâcher prise, c'est reconnaître son impuissance » (Poletti, Dobbs, 1998).

Pourquoi certains d'entre nous sont-ils de vrais *control freaks* ? Que cache ce besoin que nous avons parfois de tout contrôler ? Un besoin de domination ? un complexe d'enfant roi ? Pas forcément. Le contrôle est souvent une manière d'essayer de gérer son angoisse. Les personnes qui ont peur de l'inconnu ont généralement une faible confiance dans leurs ressources d'adaptation. Elles se disent : « Faut que j'anticipe. Comme ça, si un problème arrive, je suis prête. Autrement, je ne vais pas savoir réagir ou m'adapter. » Sans cette anticipation constante, elles ont l'impression de se mettre en danger, que ce soit sur un plan physique ou émotionnel. L'illusion du contrôle les rassure.

Je me souviens d'une amie qui me racontait avoir littéralement hurlé sur son conjoint lors d'un voyage à Venise, car il n'avait pas pensé à prendre à l'avance les horaires des *vaporettos* (les bateaux de transport public). Elle m'a confié s'être vue la nuit en plein Venise, gelant de froid et ne pouvant retrouver son hôtel. Évidemment, il n'en a rien été et elle a simplement attendu une quinzaine de minutes que le *vaporetto* arrive...

Dernière précision : en général, lorsqu'on a la sensation de perdre le contrôle, on a besoin de blâmer quelqu'un... « La création d'un ennemi confère l'illusion d'un contrôle : nous nous croyons supérieurs, nous sentons que nous avons raison, nous croyons que nous faisons avancer les choses. Diriger la colère vers un ennemi extérieur réduit provisoirement nos sentiments de peur et de vulnérabilité » (Brach, 2016). Quand on n'a personne à blâmer (ou que ce n'est pas dans notre nature), on a tendance à retourner les reproches contre soi-même. On devient exigeant avec soi ne supportant aucune erreur ou inattention. Par exemple, si vous vous trompez de chemin vous allez vous énerver contre vous-même en vous traitant de tous les noms pendant une heure.

L'affirmation de soi

L'affirmation de soi est la capacité à exprimer ses besoins, tout en respectant ceux d'autrui. Quand on n'est pas bien affirmé, on éprouve une sorte de malaise, voire une franche angoisse à l'idée d'exprimer une demande ou une critique. Le simple fait d'envisager de formuler ses propres besoins entraîne une cascade de pensées négatives du type : « Je vais déranger » ; « Je ne suis pas légitime » ; « Je vais être ridicule » ; etc. Recevoir une critique est tout aussi compliqué : on se met sur la défensive, on rejette en bloc la remarque avant même d'y avoir réfléchi, on se sent profondément blessé ou bien, à l'inverse, on y adhère totalement sans se demander si la critique était justifiée ou pas.

Les comportements qui résultent d'un problème d'affirmation de soi ont été classés en trois grands types : inhibé, agressif, passif-agressif.

- *Le comportement inhibé* est le fait de ne rien dire, de se figer et de toujours étouffer ses propres besoins, opinions ou envies : j'ai super envie d'aller à la plage, mais je n'ose pas le dire car je me dis que les autres préfèrent sûrement la piscine et ça va les embêter.
- *Le comportement agressif* est à l'opposé ; on craint tellement de ne pas être entendu, écouté ou d'être écrasé qu'on fait tout passer en force ; après quatre jours de piscine, je finis par m'énerver d'un coup en me plaignant que je ne supporte plus le bruit des enfants qui sautent dans l'eau et en leur disant à tous que ce sont des gros beaufs d'aimer le chlore plutôt que l'air iodé.
- *Le comportement passif-agressif*, lui, est tout en contradiction. Il consiste à exprimer quelque chose verbalement, mais avec un infra-verbal différent. Par exemple, je te dis : « Oui, oui, pas de souci, on fait comme tu veux pour la piscine », mais avec une voix bien agacée, un regard blasé et un corps archi tendu…

Évidemment, si en vacances vous n'êtes pas capable d'exprimer calmement ce dont vous avez vraiment besoin, vous allez au-devant d'un sérieux problème, sans parler des disputes qui vont se multiplier. Résultat ? Au lieu de vous détendre et de vous ressourcer, vous allez passer votre temps à ruminer votre frustration, à agresser votre entourage ou à envoyer des messages contradictoires du type « je veux bien, mais en fait non... ». Ce qui n'était pas le plan de départ, vous en conviendrez. Pour éviter de vous retrouver dans cette situation, il est indispensable tout au long de vos vacances d'être à l'écoute de vos besoins, mais également de ceux des autres, et que vous trouviez des consensus satisfaisants pour tout le monde. Répétez-vous que vos besoins sont aussi légitimes que ceux de vos amis, enfants, parents, conjoints. Tout comme les leurs sont aussi légitimes que les vôtres.

Si vous avez des difficultés à vous affirmer et, en particulier, à exprimer vos besoins, il est possible que vous souffriez de ce qu'on appelle un schéma d'abnégation. Vous ferez sans cesse passer les besoins des autres avant les vôtres.

Pour savoir si vous souffrez d'un schéma d'abnégation, demandez-vous si vous vous reconnaissez dans au moins deux des propositions suivantes :

1. Si je ne fais pas ce que les autres veulent, j'ai peur qu'ils me rejettent ou m'abandonnent.
2. Si je prends en considération mes besoins, je suis une mauvaise personne, je suis égoïste.
3. J'ai du mal à identifier mes besoins ou à savoir ce dont j'ai envie.
4. Je cède souvent quand il s'agit de faire quelque chose que je n'ai pas envie de faire.
5. J'ai de grosses difficultés à dire non.
6. Il peut m'arriver de ruminer et d'être frustré en ayant l'impression que tout le monde se fiche de mes besoins.
7. Je pense que si je ne suis pas là pour m'occuper des autres, ils vont être perdus/en danger/en souffrance.
8. Je laisse souvent les autres prendre les décisions à ma place.

Si vous souhaitez améliorer votre affirmation de soi, n'hésitez pas à vous renseigner pour participer à un atelier de groupe de thérapie cognitive et comportementale qui travaille sur le sujet.

La culpabilité du repos

Beaucoup de personnes ont du mal à se reposer, à s'autoriser à ralentir ou à s'adonner à des activités sans autre objectif que le plaisir et la détente. Quant à ne rien faire du tout, cela leur est carrément impossible ! À la seconde où elles s'arrêtent, leur esprit commence à dérouler l'interminable film de tout ce qu'elles pourraient faire au lieu de prendre soin d'elles-mêmes. Imaginez, vous vous posez sur votre coussin de méditation et votre esprit vous dit : « Mais tu es sérieux là ? Tu te permets de te poser alors que tu n'as pas fini tel dossier, telle lessive, tel rangement ? Et tu as entendu le *bip* là ? C'est un mail qui vient d'arriver, c'est sûrement important… Tu as pensé à tout le retard que tu as ? À l'échéance de la semaine prochaine ? À ce sac plein de vêtements que tu n'as toujours pas rangé ? » STOP ! Mais pourquoi vous imposez-vous des choses que vous n'imposeriez pas aux autres ? « Aucun arbre ne décide de continuer à produire des feuilles, des bourgeons, des graines durant le grand hiver, ce serait suicidaire, alors pourquoi le faisons-nous, nous les êtres humains ? » (Karche, 2017).

Pourquoi avons-nous donc tant de mal à appuyer sur *pause* ? Souvent par culpabilité, je dirais, ou, plus exactement, parce que notre culpabilité dysfonctionne. À la base, la culpabilité est un sentiment signal : elle nous indique que nous avons fait ou que nous faisons quelque chose de mal. Dès que nous avons identifié de quoi il s'agit, elle perd son utilité : tout ce que nous avons à faire alors, c'est réparer l'erreur ou bien accepter qu'elle ne soit pas réparable et s'y prendre autrement la prochaine fois.

Seulement voilà : tout comme la peur, la culpabilité peut aussi se dérégler et s'activer de façon indue alors que le stimulus ne devrait pas en générer. En général, ce dérèglement est accompagné d'une pensée du type : « Je ne dois pas me reposer tant que je n'ai pas fait tout ce que je devais faire. » Cette voix dans notre tête qui nous interdit le repos, nous blâme ou nous insulte, dès que nous voulons prendre du temps pour nous et nous adonner à des loisirs.

J'ai déjà parlé de la thérapie des schémas, élaborée par le psychologue Jeffrey Young (voir chapitre 1, p. 30). L'un de ses versants est le travail sur les modes. Sans entrer dans trop de détails, retenez que, lorsque tout va bien, nous passons d'un mode à l'autre de manière fluide et adaptée au contexte, en restant principalement en mode « adulte sain ». Rien ne va plus, par contre, quand un mode devient envahissant et que nos comportements ne sont plus adaptés à la situation.

Concernant la culpabilité, les modes responsables de son dysfonctionnement sont ceux du parent punitif ou du parent exigeant :

- *Lorsque le mode du parent punitif prédomine*, vous vous mettez en colère contre vous-même pour avoir exprimé ou satisfait des besoins normaux. Vous pensez que vous méritez d'être puni, réprimandé ou frustré. Vous avez tendance à avoir un discours intérieur extrêmement dévalorisant. Dans les cas les plus sévères, cette punition peut aller jusqu'à des comportements autodestructeurs.
- *Lorsque c'est le mode du parent exigeant qui l'emporte*, vous vous mettez des objectifs extrêmement élevés. Vous redoutez la médiocrité et votre discours interne préféré est : « Tu aurais pu faire plus/mieux. »

Gardez toujours en tête que, lorsque notre esprit se met en mode « Je dois, il faut », il ne peut y avoir aucun repos pérenne ou bénéfique. Si, donc, vous voulez vous ressourcer pendant vos vacances, avoir déterminé si vous souffrez d'une culpabilité du repos (ou pas) est un préalable indispensable. Le fait de le savoir et d'en être conscient vous aidera, durant votre séjour, à mieux profiter de tous ces instants de détente dont vous avez tant besoin. Pour vous y aider, voici aussi un petit exercice qui vous permettra de mieux gérer votre culpabilité quand elle pointe son nez, alors que vous êtes sur votre transat à côté de la piscine ou en train de marcher en pleine nature…

Apaiser la culpabilité

• Installez-vous confortablement en position assise, sur une chaise, dans un fauteuil ou par terre.

• Portez votre attention sur votre respiration et les sensations de votre corps comme un tout.

• Observez chaque sensation dans votre corps, agréable ou désagréable, sans essayer de modifier quoi que ce soit, mais simplement en observant ce qui est là. Faites cela environ cinq minutes.

• Centrez maintenant votre attention sur la culpabilité.

• Essayez de voir si vous pouvez la localiser dans votre corps. Dans quel endroit de votre corps ressentez-vous le plus cette culpabilité ? Est-ce une boule dans l'estomac ? une sensation dans le thorax ? un poids sur les épaules ? une tension dans le dos ou les mains ?

• Observez simplement, sans juger, ce que vous ressentez.

• Imaginez maintenant que vous projetez votre respiration à l'intérieur de cette sensation de culpabilité que vous venez de localiser. À chaque expiration vous pouvez vous répéter : « Je sais que tu es là, je t'entends, je te sens. » Faites cela environ cinq minutes

• Puis intensifiez un peu cette écoute, et prenez un moment pour entendre ce qu'elle a à dire. Que vous dit votre culpabilité ? Examinez : Où ai-je déjà entendu cela ? À qui ce discours me fait-il penser ?

• Respiration après respiration, acceptez de ressentir et d'écouter. Comme on écoute quelqu'un qui souffre.

• Une fois que vous avez écouté votre culpabilité, vous pouvez lui répondre et dire : « Je comprends tes craintes, mais ne t'inquiète pas, je suis légitime dans mon repos. » Faites cela environ cinq minutes.

↪ *Écoutez le fichier audio correspondant. Vous trouverez les modalités d'accès en fin d'ouvrage, p. 213.*

« Être sage n'implique pas de nier ce que je suis pour atteindre une perfection qui n'existe pas, mais consiste à m'ouvrir à ce que je suis, imparfait comme je le suis, comme nous le sommes *tous* » (Midal, 2017).

CHAPITRE 5

L'enfer, c'est les autres… ou pas !

Vous êtes-vous jamais demandé pourquoi vous partiez toujours en vacances avec telle personne ou tel groupe de personnes ? Pourquoi, chaque été, vous retrouvez-vous en Bretagne avec belle-maman et à toutes les vacances de Pâques avec les mêmes couples de potes, qui au fil des années sont devenus superpénibles ? Jonathan Lehmann (2018), le conférencier spécialiste du bonheur, explique que « le choix des gens à qui l'on s'adresse annonce déjà le choix que l'on s'apprête à faire. Que ce soit inconsciemment ou pas, on sait, en général, ce que telle personne va nous conseiller ». Les compagnons que nous nous choisissons pour partager nos vacances refléteraient-ils quelque chose de nous-même ? Les choisit-on parce qu'ils peuvent combler en nous un besoin qui est particulièrement fort à ce moment-là ? Ou bien par culpabilité ? par loyauté mal placée ?

Le lien à l'autre peut être un formidable *booster* d'émotions positives. Sauf s'il est dysfonctionnel, ou carrément toxique, auquel cas il peut, au lieu de les renforcer, anéantir toutes nos ressources. À mes yeux, procéder régulièrement à un état des lieux de sa sphère relationnelle, pour l'alléger (je n'ai vraiment plus envie de voir JoJo le Facho et Gigi l'Agressive aigrie) ou, au contraire, l'étoffer (je me rends compte que j'ai peu de gens dans ma sphère sociale et ça me ferait plaisir de voir plus souvent les gens du bureau), fait même partie d'une sorte d'hygiène de vie indispensable si on veut préserver ou retrouver sa bonne humeur, son entrain ou sa créativité. Or il se trouve que les vacances sont une excellente occasion de faire le point sur ses relations. Concernant les amis d'enfance, demandez-vous : si je rencontrais cette personne aujourd'hui, serait-il mon ami ? Si la réponse est non, pourquoi vous imposer de poursuivre la relation ?

Quoi qu'il en soit, les personnes avec qui vous partez vont vivre avec vous pendant des jours ou des semaines. Et, malgré toutes leurs qualités, il vous faudra être particulièrement vigilant sur l'équilibre à maintenir entre elles et vous. C'est un facteur essentiel pour des vacances pleinement ressourçantes et qui, comme nous allons le voir, n'est possible qu'avec une bonne affirmation de soi (voir chapitre 4) et, aussi, une dose certaine d'empathie et de compassion…

Les vacances à plusieurs, que ce soit en famille ou entre amis, peuvent donc être l'occasion de partager des moments inoubliables, mais peuvent aussi tourner purement et simplement au cauchemar. Nous allons voir comment éviter cela.

L'équilibre entre soi et les autres

Dès que nos besoins et nos envies viennent à s'opposer à ceux des autres, il y a un risque de tension. C'est vrai dans la vie de tous les jours et ça l'est aussi en vacances ! Or qui dit tension dit perte de ressources… Pour l'éviter, rien de mieux que de communiquer AVANT de partir sur vos envies et vos besoins (voir chapitres 1 et 4). Eh oui même si vous repartez avec les mêmes compagnons de vacances depuis dix ans. Pourquoi ? Parce que les besoins de chacun évoluent avec le temps, ils changent même en fonction des périodes de l'année. Une petite mise à jour avant de réserver, du type « J'ai envie de partir pour me reposer/découvrir/faire du sport/etc., et toi ? » vous évitera bien des déconvenues.

Concernant plus directement l'équilibre des besoins, voici quelques conseils pour vous aider à le trouver et le maintenir tout au long de votre séjour :

• Quelles que soient les personnes avec qui vous êtes parti, *veillez toujours à vous aménager des moments seul*, ne serait-ce qu'une heure dans la journée, pour faire une balade ou n'importe quelle activité qui vous procure du plaisir rien qu'à vous. Vous n'en serez que plus détendu le reste du temps et plus enclin à profiter de ceux qui vous accompagnent (les moments de silence ont d'incroyables bénéfices, j'y reviens plus loin).

• Dès que vous vous sentez contrarié ou frustré, prenez un moment pour en identifier la cause. Si cela vient du fait que vous avez l'impression de subir les envies des autres, parlez-en calmement, en disant par exemple : **1.** Je comprends que vous ayez envie de visiter tout le pays et de découvrir un maximum de choses, mais : **2.** *Le rythme que nous avons depuis le début m'épuise* et je n'arrive même plus à profiter des excursions. **3.** *Je serais vraiment soulagé* si je pouvais avoir quelques heures dans la journée pour profiter de la plage. **4.** *Je vous propose donc* que chacun ait un temps libre dans lequel il pourra choisir son activité indépendamment des autres, *ce qui permettra à tout le monde* de profiter sans contraintes.

Cette technique d'expression est issue des thérapies cognitives et de la communication non violente, et elle est très efficace si vous en respectez bien les règles de communication, à savoir :

1. Toujours commencer par « Je comprends... ».
2. Introduire ensuite le « mais », en sachant qu'*on critique un comportement et jamais une personne* ; bien veiller à être précis et à indiquer clairement les conséquences sur soi.
3. Exprimer sa demande en utilisant le pronom « je » et en sollicitant l'émotion.
4. Conclure en faisant une proposition dont on souligne les conséquences positives pour tout le monde si elle est retenue.

Selon la psychologue sociale Barbara Frederickson, la résonance positive que constitue l'amour ou l'amitié se manifeste lorsque trois événements surviennent simultanément : le partage d'une ou plusieurs émotions positives ; une synchronie entre le comportement et les réactions physiologiques de deux personnes ; enfin, l'intention de contribuer au bien-être de l'autre, intention qui engendre une sollicitude mutuelle (Frederickson, 2017).

Les vacances en famille

Ah, les vacances en famille ! Elles peuvent être source de partage et de reconnexion ou alors d'angoisse, de frustration et de réactivation d'anciens traumas ! Cela étant, il faut savoir à qui on se réfère par famille, car les problèmes rencontrés en vacances ne seront pas les mêmes suivant qu'on est parti :

- en famille nucléaire, c'est-à-dire avec couple + enfants (voir chapitre 6) ;
- en famille recomposée ;
- en famille élargie, avec les parents ou les beaux-parents, les frères et sœurs ;
- en famille super élargie, avec tata, tonton et les quatre-vingt-douze cousins…

Autre élément à prendre en compte : l'endroit où vous partez. Partir en famille dans un hôtel, ce n'est pas du tout comme cohabiter tous ensemble dans une maison familiale ou de location. D'une manière générale, sachez que plus on partage d'éléments du quotidien (courses, rangement, planning, etc.) et plus les risques de conflit et de réapparition des vieilles rancunes sont élevés. En clair, plus vous serez les uns sur les autres et plus vous vous exposerez à subir les réflexions de maman sur votre façon de cuire le gratin, le regard désapprobateur de papa quand vos enfants font trop de bruit à table ou les « conseils » de belle-maman sur votre organisation générale…

Les vacances en famille, je m'en rends compte maintenant, pourraient constituer à elles seules un ouvrage à part entière. La gestion des enfants qui ne sont pas les nôtres dans les familles recomposées, le fait de revivre que maman et papa ont encore donné à votre sœur, la chouchoute, la meilleure chambre, *comme d'habitude et depuis toujours…* Vous risquez donc de ressortir de là épuisé.

Voici quelques questions importantes à vous poser :

• La communication dans ma famille est-elle fluide ?

• Existe-t-il des conflits ou des non-dits qui engendrent des tensions à chaque temps passé ensemble ?

• Ai-je vraiment envie de passer mes vacances avec eux ?

• Si non, pourquoi est-ce que je m'impose ces vacances ?

Idéalement, ces questions il faudrait se les poser avant de partir. Mais parfois, on ne s'en rend compte qu'une fois qu'on est déjà dedans ! Alors profitez de votre séjour pour observer vos interactions familiales, comme si vous étiez au cinéma. Cela vous permettra de mettre un peu à distance tout le poids émotionnel.

Si vous n'avez pas le choix, essayez de diminuer le temps passé ensemble ou la durée du séjour, ou bien programmez-vous quelques jours après ce séjour familial pour prendre soin de vous. Et ne me faites pas dire ce que je n'ai pas dit : oui, certaines familles s'entendent très bien en vacances et profitent de ce moment pour resserrer les liens et profiter les uns des autres. Mais même dans ce cas de figure idyllique, les règles d'équilibre entre soi et les autres restent pertinentes.

Les vacances entre amis

Attention, ici aussi, à ne pas tout mélanger ! Pour commencer, partir entre amis n'a rien à voir suivant qu'on a 20, 40 ou 70 ans, vu qu'on n'a pas les mêmes attentes ou les mêmes besoins. Ensuite, inviter des amis chez vous ou être invité chez eux, louer une maison ensemble ou loger à l'hôtel dans des chambres séparées sont des situations très différentes. Sans parler, clou du spectacle, du fait de partir entre célibataires, en couple d'amis ou en couple avec enfants !

L'une de mes patientes me racontait qu'elle était partie en vacances chez un couple d'amis ayant des enfants. Elle-même avait déjà une aînée de 4 ans et un bébé de 8 mois. Encore très fatiguée par ses nuits blanches et souffrant de divers maux postgrossesse, elle n'aspirait qu'à se reposer et ralentir. Son amie, elle, était de tendance hyperactive, avec deux grands garçons qui avaient besoin de se dépenser. Elle se levait très tôt le matin et traversait la journée en enchaînant les activités sans temps mort.

Pour ne rien arranger, ma patiente réalisa que son amie, qu'elle connaissait pourtant depuis plusieurs années et avec qui elle était partie maintes fois quand elles étaient sans enfants, avait des valeurs éducatives radicalement opposées aux siennes. Ce séjour fut donc un enfer pour ma pauvre patiente qui passa vite, de surcroît, pour la râleuse de service. Elle était si mal à l'aise et tellement épuisée qu'elle ne pouvait pas prendre sur elle. Résultat : elle affichait une mine décomposée toute la journée. Ce qui fut jugé extrêmement impoli par ses hôtes. Elle mit plusieurs mois à se remettre de ce séjour, qui se solda sans grande surprise par une grosse dispute avec son amie.

L'activation de nos neurones miroirs explique sans doute que les émotions que nous ressentons puissent entrer en résonance avec celles des autres. Si vous êtes joyeux et solaire, cette lumière viendra déteindre sur votre entourage : « Le phénomène de résonance positive suppose un triple jeu de miroirs : chacun reflète l'énergie positive qui émane de l'état émotionnel de l'autre, il reflète ses gestes et ses réactions biochimiques, il reflète son élan de sollicitude à son égard » (Frederickson, 2017).

Mais si vous faites la tête, vos émotions négatives viendront également contaminer votre entourage. Lorsqu'on dit de quelqu'un qu'il « diffuse de mauvaises ondes », il s'agit en réalité de la réaction de notre cerveau à ce qu'il perçoit des émotions de l'autre. Suivant sa sensibilité, nous recevrons plus ou moins d'informations et serons donc plus ou moins réceptif et activé par l'humeur de l'autre.

Le problème dans les vacances de ma patiente et de son amie était l'incompatibilité absolue de leurs besoins à un instant donné et l'impossibilité de trouver un terrain d'entente sans se sentir jugées ou condamnées. Toutes deux se renvoyaient plus ou moins clairement des émotions désagréables qui entraient en résonance de façon délétère. Au départ, ma patiente ne voulait d'ailleurs pas aller chez cette amie. Elle sentait que son grand besoin de repos ne pouvait pas être comblé. Elle a fini par se laisser convaincre par une autre amie et parce qu'elle culpabilisait de dire non...

Les vacances en solo

Certaines personnes n'envisagent jamais de partir seules, quels que soient le lieu ou le contexte ; d'autres subissent la solitude et en deviennent profondément déprimées ou anxieuses. Pourtant la solitude, à condition qu'elle soit choisie, est un merveilleux renforçateur de ressources. Prendre du temps uniquement pour soi, se recentrer sur ses seuls besoins, n'avoir à écouter que ses envies, suivre son rythme sans faire de concession, quelle liberté ultime !

Je vous l'ai dit, la première semaine de janvier est une semaine que je consacre à l'écriture, à la méditation et au sport, tout en me faisant chouchouter en thalassothérapie. Mais, avant tout, c'est une semaine de calme et de silence. Retrouver le calme, extérieur et intérieur, c'est se donner la possibilité de se reconnecter à soi et de reconstituer ses ressources internes : « Le sentiment le plus intime de soi, de son essence, est inséparable du calme intérieur » (Tolle, 2003).

Après cette semaine, je suis regonflée à bloc et ravie de retrouver mes enfants et mon mari ! Je cultive aussi beaucoup la méditation de la bienveillance et de la gratitude pendant ces quelques jours où mon conjoint s'occupe de nos filles. Je consacre régulièrement un moment à ressentir cette reconnaissance et cette gratitude. Prendre conscience de notre entourage, de l'amour qu'il nous apporte renforce de manière durable les émotions positives que peuvent procurer les vacances en solo : « Les bienfaits de la gratitude ne constituent pas qu'une sensation agréable sur le moment. Ils se manifestent à long terme dans la vie de ceux qui la pratiquent. Ces derniers résistent mieux au stress quotidien et montrent aussi une plus grande résilience face à un stress post-traumatique, se rétablissent plus facilement d'une maladie et sont globalement en meilleure santé » (Servan-Schreiber, 2011).

Il y a quelques semaines, l'une de mes amies m'annonce qu'elle est seule chez elle pendant une semaine, car son mari a emmené leurs quatre enfants avec lui. Elle avait les yeux qui brillaient en me disant cela. Une semaine pour s'occuper d'elle ! Même si elle ne partait pas et que, il me semble, elle travaillait à mi-temps, elle abordait cette semaine comme une semaine de vacances.

La solitude, quand on l'a comprise, apprivoisée et surtout choisie, est un bien inestimable pour se ressourcer. Personnellement j'assimile la solitude au silence, au ralentissement, à l'écoute de soi : « Réapprendre à être seul. C'est le moment d'une nouvelle maturité. C'est accepter sa propre compagnie sans honte et c'est aussi arrêter de penser que les autres vont juger notre solitude » (Cheron, 2020).

En étant seul, on renoue avec l'autre et on permet souvent aussi à sa créativité d'éclore. Dans son livre *Le Voyage d'Hector*, le psychiatre François Lelord (2002) nous dit à la leçon numéro 23 : « Le bonheur, c'est de s'occuper du bonheur des autres. » OK, mais le bonheur, c'est parfois aussi de s'occuper de ses fesses, non ?

Comme on l'a vu concernant la fatigue compassionnelle, pour pouvoir bien s'occuper des autres, ressentir de l'empathie et de la compassion, il est important également de s'occuper de ses propres ressources. Cela ne fait pas de vous quelqu'un d'égoïste. Cela vous permettra justement d'être plus disponible pour les autres.

Augmenter ses émotions positives grâce à ses relations

Plusieurs études ont montré l'importance du lien dans l'équilibre émotionnel. La solitude subie, le manque de contacts avec autrui sont une grande source de souffrance. Les patients qui souffrent de phobie sociale en savent quelque chose : ils sont en constante lutte entre leur envie de nouer des relations et leur peur des autres. Mais quelle liberté lorsqu'ils se délivrent de leur peur et parviennent enfin à profiter de leurs échanges avec leurs semblables !

Nous avons tous besoin d'interactions, mais pour qu'elles soient profitables elles se doivent d'être saines. Il est donc intéressant de faire un petit voyage dans sa sphère relationnelle, les vacances étant une très bonne occasion de le faire.

Un exercice bien connu et que je trouve assez pertinent pour y voir plus clair est celui de la constellation relationnelle. Je vous propose donc que nous le fassions ensemble.

Étape 1. Listez l'ensemble des gens qui peuplent votre monde en les inscrivant dans les bulles ci-dessous.

Afin d'être le plus exhaustif possible, n'hésitez pas à prendre votre répertoire téléphonique et à inclure vos amis Facebook (ou tout autre support où sont référencés vos contacts). (NB. Certaines de vos connaissances peuvent se retrouver dans plusieurs bulles.)

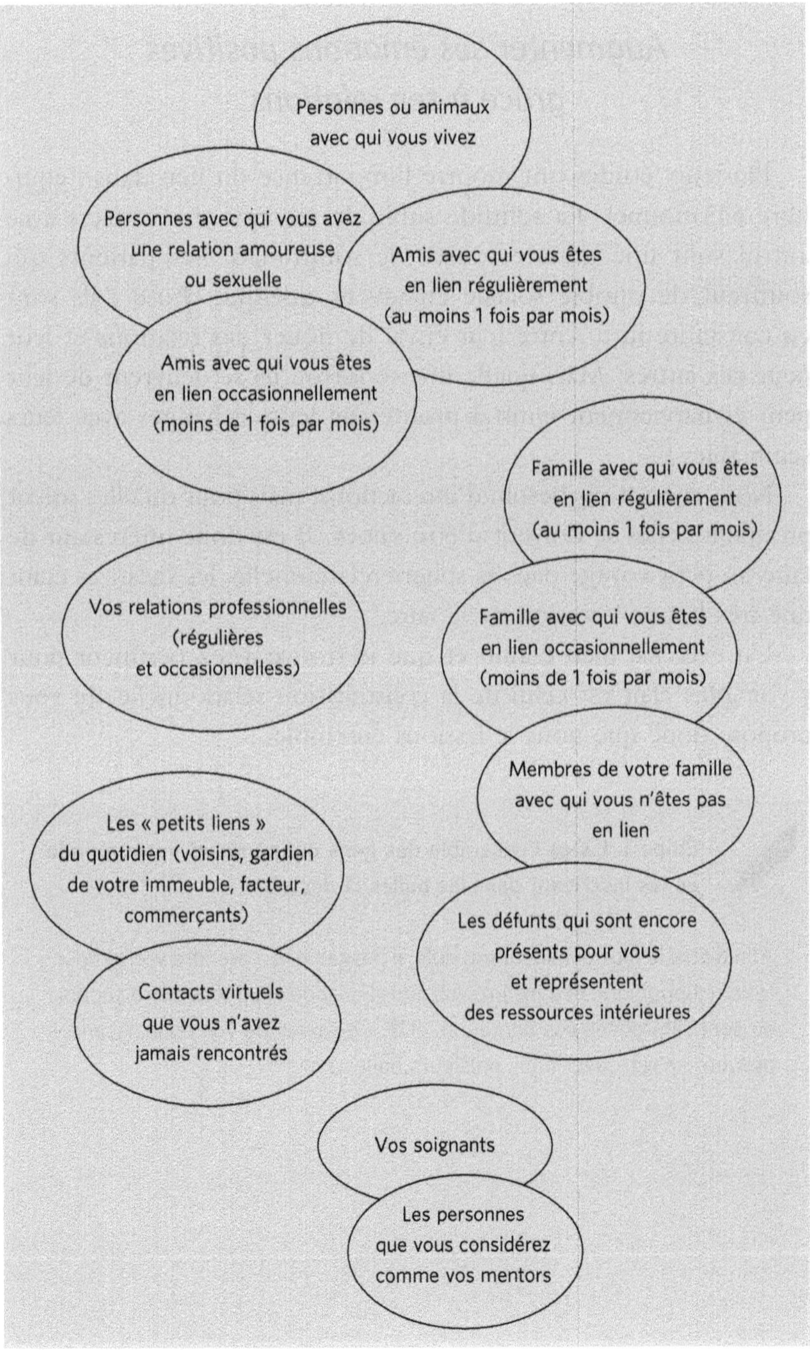
Personnes ou animaux avec qui vous vivez
Personnes avec qui vous avez une relation amoureuse ou sexuelle
Amis avec qui vous êtes en lien régulièrement (au moins 1 fois par mois)
Amis avec qui vous êtes en lien occasionnellement (moins de 1 fois par mois)
Famille avec qui vous êtes en lien régulièrement (au moins 1 fois par mois)
Vos relations professionnelles (régulières et occasionnelless)
Famille avec qui vous êtes en lien occasionnellement (moins de 1 fois par mois)
Membres de votre famille avec qui vous n'êtes pas en lien
Les « petits liens » du quotidien (voisins, gardien de votre immeuble, facteur, commerçants)
Les défunts qui sont encore présents pour vous et représentent des ressources intérieures
Contacts virtuels que vous n'avez jamais rencontrés
Vos soignants
Les personnes que vous considérez comme vos mentors

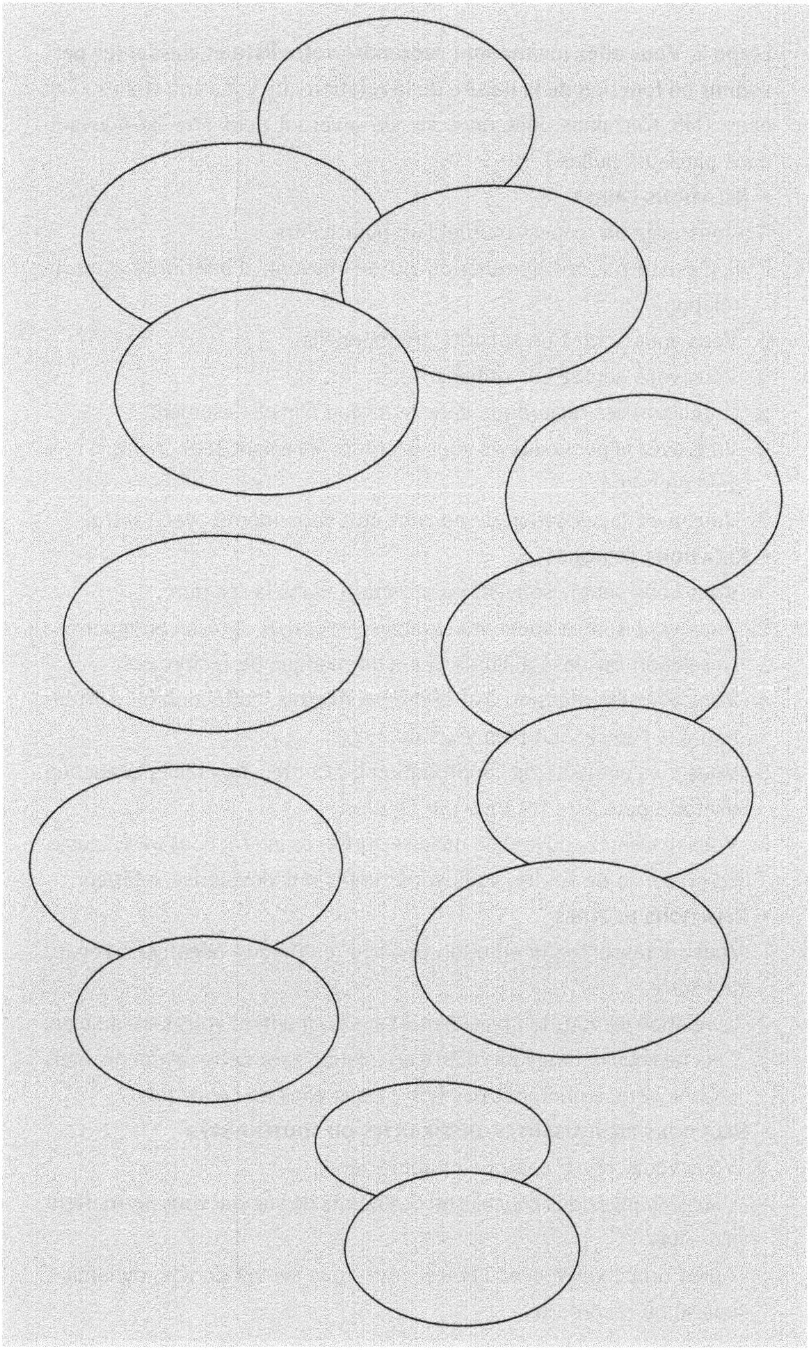

Étape 2. Vous allez maintenant reprendre votre liste et classer les personnes en fonction de la nature de la relation que vous entretenez avec elles. (NB. Certaines personnes se retrouveront peut-être de nouveau dans plusieurs bulles.)

- **Relations saines**

1. Vous avez un respect mutuel l'un pour l'autre.
2. Il n'existe pas de domination ou de ressenti d'infériorité dans la relation.
3. Vous vous sentez en sécurité émotionnelle.
4. Vous vous sentez en confiance.
5. La relation est réciproque dans le niveau d'investissement.
6. Vous avez la possibilité de vous exprimer librement sans crainte d'être jugé ou rejeté.
7. Vous avez la sensation de pouvoir être vous-même avec l'autre.

- **Relations toxiques**

1. Vous vous sentez souvent en insécurité dans la relation.
2. Vous vous sentez souvent culpabilisé, méprisé, agressé ou ignoré.
3. La relation est déséquilibrée, il y a un manque de réciprocité.
4. Vous avez l'impression d'attendre les miettes d'affection ou d'attention que l'autre veut bien vous donner.
5. Vous êtes en quête de l'approbation de l'autre, vous faites beaucoup d'efforts pour être reconnu par l'autre.
6. Vous ressentez souvent un malaise après vos interactions avec l'autre.
7. En présence de l'autre, vous vous sentez nul, dévalorisé, inférieur.

- **Relations neutres**

1. Vous ne ressentez ni émotion positive ni émotion négative à l'égard de l'autre.
2. La relation ne vous fait pas de mal sans pour autant vous faire du bien.
3. Cela ne vous dérange pas d'être en relation avec cette personne, mais cela ne vous embêterait pas non plus si vous ne l'étiez pas.

- **Relations bienfaisantes, inspirantes ou soutenantes**

1. Vous vous sentez compris et apprécié.
2. Vous échangez des conseils ou des points de vue qui vous permettent d'évoluer.
3. Après un échange avec l'autre, vous vous sentez enrichi, dynamisé, apaisé ou réconforté.

4. Vous êtes à l'aise pour demander de l'aide à cette personne.
5. Vous pouvez lui montrer vos vulnérabilités.

- **Relations agréables, légères**

1. Vos échanges sont légers, fluides sans pour autant être proches et intimes.
2. Même s'ils sont brefs et ponctuels, ces échanges vous apportent une certaine joie.

Une fois ce classement effectué, prenez un moment pour penser à toutes ces personnes qui peuplent votre sphère relationnelle. Prenez un moment pour ressentir les émotions agréables que déclenche l'évocation de ces relations. Si vous avez constaté que vous avez peu de noms listés dans certaines catégories, cela vous permettra de prendre conscience des niveaux relationnels qui méritent d'être investis un peu plus.

Concernant les relations toxiques, une fois identifiées, il convient de vous en séparer d'une façon ou d'une autre, en rompant les liens, en vous éloignant ou, si vous ne pouvez pas (encore) partir, en mettant un plexiglas imaginaire entre vous et l'autre. Quelle que soit votre stratégie, il faudra aussi l'agrémenter d'un travail de digestion du mal qui vous a été fait : « Éprouver de la haine envers quelqu'un nous enchaîne aux souffrances du passé et nous condamne à l'impossibilité de trouver une paix véritable. Si nous pardonnons, c'est pour libérer notre propre cœur » (Brach, 2016).

Si vous préférez, vous pouvez aussi, pour clarifier vos relations, vous livrer à un autre exercice centré sur ce que chaque personne vous apporte et ce que vous, vous apportez à la relation. Les recherches ont mis en évidence quatre types d'apports.

1. *Le soutien matériel* : ce sont les personnes qui vous rendent des services, vous aident dans votre logistique, gardent vos enfants, font les courses, etc. Il peut également s'agir de soutien financier.
2. *Le soutien informatif* : ce sont les relations qui vous apportent des connaissances, des conseils, des informations utiles (l'équivalent

de l'appel à un ami à la télé) ! On peut aussi ranger dans cette catégorie les mentors ou les personnes qui nous inspirent qui nous font grandir.

3. *Le soutien affectif* : pensez à tous ceux qui vous donnent de l'affection, de l'amitié, de l'amour. Ces personnes vous montrent leur attachement ; avec elles, vous êtes dans une relation de confiance.
4. *Le soutien d'estime* : parmi vos contacts, ce sont ceux qui renforcent votre appréciation de vous-même, votre sentiment d'avoir de la valeur, en particulier quand votre confiance en vous est au plus bas.

Que ce soit par l'exercice des bulles (p. 93) ou la méthode des apports, faire ainsi un point sur votre sphère relationnelle vous aidera à prendre conscience de vos interactions sociales dans votre vie quotidienne, à vous éloigner de vos relations toxiques et, à l'inverse, à privilégier les gens qui vous font du bien (si cette partie de votre sphère sociale est trop fragile, étoffez-la !). Évidemment, cela vous permettra aussi de mieux savoir avec qui vous partez habituellement en vacances et de rectifier le tir, au besoin, la prochaine fois.

Les personnalités difficiles en vacances

Nous l'avons déjà évoqué, il suffit d'un mauvais compagnon de vacances ou de voyage pour gâcher allègrement tous nos moments de récupération. Et c'est vrai aussi quand notre mauvais compagnon de vacances, c'est nous-même ! Dans les deux cas, savoir identifier les traits de personnalité qui nous plombent afin de nous en éloigner ou de les envisager différemment offre une aide précieuse. Évidemment, je ne ferai pas ici la revue de toutes les personnalités difficiles, pathologiques ou toxiques qui ont le pouvoir de saccager nos moments de liberté et de joie – de très bons ouvrages existent déjà sur la question, comme celui de François Lelord et Christophe André (2021). Dans les pages qui suivent, je me contenterai de vous présenter les trois qui, selon moi, ont le plus grand pouvoir de nuisance en vacances.

Les négatifs et les râleurs

Pour commencer, je vous présente Raymond. Lorsque Raymond arrive quelque part, il commence toujours par voir ce qui ne va pas. J'ai quelques patients comme Raymond, je les appelle les « oui, mais ». La chambre est belle, *oui, mais* Raymond la trouve trop petite. Le paysage est magnifique, *oui, mais* Raymond trouve qu'il y a trop de vent. L'ambiance dans le groupe est bonne, *oui, mais* Raymond n'arrête pas de repenser à Georgette qui ne lui a pas dit bonjour ce matin, etc.

En résumé, Raymond fait une hyperfocalisation sur le négatif, sur ce qui ne va pas. Il muscle son réseau négatif de pensées au détriment de son réseau positif de pensées qui pourrait lui procurer des émotions agréables.

À force de ruminer ce qui ne va pas, Raymond s'épuise. Et s'il extériorise ses pensées, il détruit le moral de son entourage en râlant toute la journée.

Si vous avez un Raymond dans votre entourage, essayez d'abord de comprendre l'origine de sa négativité. Est-ce que Raymond a toujours été comme cela ou bien est-ce qu'il ne va pas bien en ce moment ? Est-ce qu'il est en détresse ? Est-ce qu'il se sent vulnérable ? Est-ce qu'il pense que se plaindre va attirer la compassion, l'empathie ? Cherche-t-il à créer du lien à travers sa plainte ? Est-ce qu'il râle par réflexe ?

Vous pouvez aussi vous demander si Raymond fait une dépression, s'il est anxieux.

Bref, avant de condamner, essayez de comprendre et, si possible, d'aider. Il y a plein de raisons différentes qui vont amener quelqu'un à la négativité. Parfois, « on râle parce qu'on croit que si on parle de ce qui va bien pour nous, si on célèbre, notre bonheur va nous être pris ou que les autres vont nous regarder bizarrement et nous envier. Alors on choisit de focaliser son attention sur ce qui est dur, qui ne marche pas » (Lewicki, 2011). Et si Raymond n'a nullement l'intention de changer ou, pire, qu'il vous traite de Bisounours car, vous, vous percevez la beauté de ce qui vous entoure, alors ne partez plus en vacances avec lui !

Maintenant que faire si c'est vous, Raymond ? La coach américaine Christine Lewicki a écrit un ouvrage dont le titre est *J'arrête de râler. Pour retrouver sérénité, calme et plaisir en 21 jours* (2011). Très sincèrement, je pense que si on a une tendance profonde à l'anxiété ou à la négativité, il faudra beaucoup plus que vingt et un jours, mais l'autrice propose quelques clefs que je trouve très intéressantes. En voici des exemples :

• Essayez, pour commencer, de ne pas râler durant la première heure qui suit votre réveil.

• Dès que vous sentez qu'une pensée négative émerge, jouez à trouver des choses positives. Par exemple, je me dis que je suis déçue car la mer est trop froide et que je ne peux pas me baigner. Je contre ma pensée en me disant que OK, l'eau est froide, mais il fait super beau, la nourriture est très bonne et il y a une super ambiance.

• Si vous râlez parce que, en réalité, vous avez besoin d'aide ou que vous avez peur, formulez simplement votre demande ou votre besoin. Concentrez-vous sur le contenu de votre plainte : si c'est quelque chose sur lequel vous pouvez agir, agissez au lieu de râler ! Si c'est quelque chose sur quoi vous n'avez aucun contrôle, accueillez simplement votre frustration, acceptez de la ressentir et lâchez prise. Le lâcher-prise est toujours utile, c'est même une preuve d'intelligence quand les efforts à déployer sont inutiles et plus coûteux que les éventuels bénéfices qu'on espère en retirer ! (André, Jollien, Ricard, 2019.)

Les gens qui râlent, les insatisfaits permanents épuisent leurs ressources, mais aussi celles des autres. Ils n'arrivent pas à profiter, à se contenter de ce qui est bien. Comme s'ils cherchaient le malheur pour se rassurer à bon compte avec quelque chose qu'ils connaissent bien et maîtrisent à force de la pratiquer, la plainte : « C'est tentant de gémir, de se dire qu'on est malheureux, qu'on n'a pas de chance. Et, paradoxalement, c'est une solution que l'on adopte pour ne plus faire d'efforts sans s'en rendre compte. D'autant qu'on est devenu un expert de la plainte. » (André, Jollien, Ricard, 2019.)

Les angoissés et la pharmacie ambulante

Je vous présente maintenant Martine. Martine a déjà lu le passage sur la phobie des transports, l'angoisse du départ, le besoin de contrôle : elle s'y est reconnue. Martine a l'équivalent de la Grande Pharmacie dans sa valise, ce qui, en soi, est plutôt pratique si quelqu'un tombe malade. Et puis, à part Martine qui paie des suppléments de bagages, cela ne dérange personne.

Jusque-là, tout va bien. Mais quand Martine arrive à l'aéroport de destination, elle commence à stresser de ne pas trouver de taxi. Ensuite, comme vous avez faim, vous voulez vous arrêter rapidement dans un resto sur la route, mais Martine angoisse d'avoir une intoxication alimentaire. Vous devez donc attendre qu'elle trouve un resto étoilé après avoir lu tous les commentaires sur TripAdvisor. Ensuite ? Vous décidez d'aller marcher dans la forêt et voilà Martine qui a trop peur de se faire piquer par les moustiques et se trimbale avec son vapo-citronnelle.

Bref, vous avez compris, Martine a peur de tout : attraper des maladies, se faire mordre par un animal, avoir un accident, etc. Chaque expédition est un combat pour elle... et pour vous. Car vous essayez de la rassurer, même si ça ne fonctionne pas. Et ce n'est pas de votre faute : les angoisses de Martine sont irrationnelles, elle est tellement envahie par ses émotions qu'elle n'a plus accès à la logique ou à la rationalisation.

Si vous êtes parti avec votre Martine, efforcez-vous plutôt de vous montrer le plus bienveillant possible avec elle, car s'énerver ne fera qu'augmenter son niveau émotionnel et aggraver le problème. Dites-lui qu'elle est très courageuse et que vous êtes là pour elle. N'oubliez pas que la peur est l'une des émotions les plus difficiles à ressentir. Son circuit neurologique est archaïque, reptilien, et il est très difficile de le désactiver sans un gros travail sur soi.

« La peur sous toutes ses formes est sans doute l'une des émotions les plus inhibitrices de la liberté. Qu'il s'agisse de liberté extérieure puisqu'elle nous pousse souvent à la fuite ou aux dérobades. Ou de liberté intérieure : la peur pollue nos pensées, nous pousse à surveiller notre environnement, à anticiper tous les dangers possibles, à calculer à l'avance ce qui serait le plus sûr pour nous et nos proches : notre cerveau est transformé en machine à surveiller, à éviter, à planifier » (André, Jollien, Ricard, 2019).

Et si vous-même êtes une Martine ? Une fois l'épreuve passée, (vous avez réussi à prendre un bateau rapide sans vomir ni faire une attaque de panique), prenez le temps de ressentir que vous avez réussi à faire les choses malgré votre peur et surtout que tout s'est bien passé ; vos pensées n'étaient donc que de simples événements mentaux, non le reflet de la réalité.

Les comptables

Je vous présente le dernier personnage de notre série : Juju. Avant de réserver, Juju a déjà passé environ 102 heures et 32 minutes à comparer les prix de tous les vols et les prestations de tous les hôtels. Chaque fois que vous avez proposé quelque chose de votre côté et que vous lui en avez donné le prix, il a répondu par le même : « Ah, oui, quand même… » Finalement, vous avez quand même réussi à vous mettre d'accord. Sans surprise, une fois sur place, Juju s'est révélé être aussi le pro de l'appli compta entre amis/en couple/en famille. Au minimum, il a une note sur son portable qui recense tout ce qu'il achète pour être sûr de ne pas se faire avoir.

Car la peur absolue de Juju, c'est de payer plus que les autres. Si vous êtes dans un hôtel, Juju ne pourra s'empêcher de demander aux gens qu'il rencontre : « Et vous, vous avez payé combien pour la semaine ? Pension comprise ? Ah, oui, quand même… » Si jamais il découvre qu'il a payé plus cher pour les mêmes prestations (peut-être parce que son voisin a eu une promo de dernière minute ou qu'il a un CE), il va ruminer sa mauvaise surprise pendant toutes les vacances.

Dès que vous proposez une activité, une visite ou un resto, le mot réflexe de Juju est : « Combien ? » Si vous lui reprochez, à bout de forces, de ne penser qu'à l'argent, de ne parler que de ça, il vous rétorquera que vous êtes, comme les autres, totalement inconscient et que, heureusement, lui est là pour faire attention (je précise que Juju n'a pas de problème d'argent : les gens qui ont de petits budgets et qui doivent faire hyper attention ne sont pas des Juju). Au fond, notre Juju est un angoissé : il ressent en permanence une forte insécurité financière, une peur du manque, mêlée à une peur de l'injustice.

Évidemment, il faudrait qu'il aille faire un petit tour en psychothérapie pour pacifier un peu son rapport à l'argent. En attendant, voici ce que vous pouvez faire si vous êtes en vacances avec un Juju :

• Si vous n'avez pas envie que Juju vous embête sur des activités, proposez de payer et dites-lui qu'il n'aura pas à participer financièrement : il se détendra immédiatement. (Sauf si Juju est votre mari/votre femme et qu'il anticipe déjà sur l'argent en moins sur le compte joint, qu'il devra ensuite renflouer...).

• Acceptez que Juju fasse sa petite compta. Rappelez-vous que c'est un angoissé et que ses calculs incessants le rassurent. Ne prenez pas son comportement de comptable obsessionnel comme le signe d'un manque de confiance en vous ou la preuve d'une radinerie quelconque, mais comme une façon d'apaiser sa propre angoisse.

• Si votre Juju est ouvert à la discussion, vous pouvez aussi lui exprimer votre ressenti. Par exemple, vous pouvez lui dire : « Je comprends que ce soit important de veiller au budget, mais quand tu as encore demandé combien allait coûter cette activité, ça m'a pesé. J'ai besoin pendant ces vacances d'avoir un peu de légèreté, d'insouciance. Je te propose, si cela te convient, de me donner une valeur maximale à ne pas dépasser pour les activités, je la respecterai et, comme ça, tu n'auras pas à vérifier chaque fois... »

De manière générale, toute personnalité difficile risque, en vacances, de vous obliger à puiser dans vos ressources. N'oubliez pas non plus que, sans être considérés comme pathologiques, certains traits de personnalité ne sont pas compatibles avec d'autres. Si vous avez une tendance Martine et que vos compagnons de voyage sont très désorganisés et n'anticipent rien du tout, vous risquez de vous sentir en insécurité pendant toutes vos vacances.

Alors pensez bien à choisir votre sphère sociale et évitez peut-être à l'avenir de partir avec Juju, Martine et Raymond !

CHAPITRE 6

Le couple en vacances

Cela fait deux ou trois jours que vous êtes en vacances, vous sentez petit à petit la tension qui commence à se relâcher, et là, bim ! grosse dispute avec votre amoureux ! Toutes les vieilles rancunes, les vieux dossiers ressortent : c'est la guerre. Sa façon de parler, de manger, de poser sa serviette sur le transat ou de mettre ses skis en travers dans l'entrée, tout vous insupporte !

À la question si souvent posée : « Pourquoi tant de couples se disputent-ils souvent après trois jours de vacances ? », la réponse est finalement assez simple : parce que, au bout de trois jours (c'est une moyenne), ils relâchent (et lâchent) tout ! Vous voilà prévenu : il y a un cap un peu difficile à passer en début de vacances, c'est normal, et pas forcément grave si vous êtes équipé pour y faire face.

Qu'est-ce qui vous stresse ?

Pour la thérapeute de couple que je suis, le moment des vacances est un très bon curseur. Cela me permet de distinguer les couples dont les difficultés se situent plutôt à l'extérieur (difficultés à gérer les stresseurs du quotidien, à prendre du temps pour son couple, répartition pénible des tâches, etc.) ou plutôt à l'intérieur (difficultés de communication, sexualité dégradée, grosses rancunes non digérées, etc.). Les premiers vont généralement vivre leurs vacances comme des retrouvailles : ils vont se sentir détendus, profiter de la présence de l'autre, retrouver leur complicité et leur légèreté d'avant, avoir une activité sexuelle satisfaisante. Les seconds, en revanche, emportent souvent leurs conflits dans leurs valises...

Si vous ne voulez pas que vos vacances se transforment en bataille rangée, il est donc fortement conseillé d'anticiper une remise à niveau de votre couple. Voici comment procéder.

Idéalement, cet exercice est à faire une quinzaine de jours avant le départ, mais vous pouvez également le faire pendant vos vacances. Prenez un moment avec votre partenaire pour discuter. Ce peut être un après-midi, un dîner ou tout autre moment où vous avez la certitude de ne pas être dérangé.

Commencez par faire, ensemble, un état des lieux de vos niveaux de stress respectifs. C'est un exercice que je propose systématiquement en début de thérapie de couple et qui me permet de « tracer » la ligne de base de l'état d'un couple afin de mieux évaluer son évolution par la suite. Vous allez évaluer de 0 à 10 différents facteurs de stress (0 : aucune perturbation dans le couple, ce n'est pas un sujet, tout va bien ; 10 : c'est l'enfer, le gros conflit récurrent ou un énorme sujet de préoccupation). Faites l'exercice d'abord chacun de votre côté, puis confrontez vos résultats.

Partenaire 1	Niveau de perturbation émotionnelle entre 0 et 10	Partenaire 2
	La répartition des tâches ménagères	
	L'éducation des enfants	
	Les belles familles	
	Les ex	
	Les enfants d'une autre union	

Temps de qualité passé ensemble
Les valeurs et la vision du monde
Les relations sexuelles
Les objectifs de vie (enfants ou non, lieu de vie, carrières etc.)
Les loisirs/les intérêts
La communication
Les amis/les contacts sociaux
La religion/la politique
L'abus de tabac/alcool/médicaments
La violence
La jalousie
Les disputes
L'argent
L'hygiène de l'autre

Si vous avez coté l'un de ces items au-dessus de 3, il s'agit potentiellement d'un facteur de stress qui impacte votre couple.
Plus vous allez anticiper les éventuelles bombes à retardement et les désamorcer avant votre départ et mieux vous pourrez profiter de vos vacances !

En vacances, on déstresse !

Un couple repose sur trois piliers principaux : l'amour, l'amitié et la sexualité. Pour l'amour, on ne peut pas faire grand-chose, on n'a pas encore trouvé de formule magique pour le susciter ou le relancer. En revanche, on peut agir sur le sentiment d'amitié qui recouvre notamment la capacité à communiquer sainement, la complicité, la confiance et la légèreté. Et on peut aussi renforcer le troisième pilier, celui qui permet de se sentir sexuellement épanoui dans sa vie à deux. Cerise sur le gâteau, en consolidant le sentiment d'amitié et la composante sexuelle de son couple, on peut réactiver indirectement l'amour qu'on porte à l'autre (donc le fameux premier pilier).

Les vacances sont un moment idéal pour s'occuper de son couple. Trois thèmes me semblent particulièrement pertinents pour resserrer les liens amoureux de manière agréable et sans prise de tête. Comme vous pouvez vous y attendre, ils ont beaucoup à voir avec le stress qui reste tout de même l'un des pires ennemis du couple (voir tableau *supra*). Ce sont :

- la répartition des 5 temps ;
- la communication ;
- et… le sexe !

La répartition des 5 temps

L'équilibre d'un couple dépend de l'équilibre général. Et qui dit équilibre général dit répartition harmonieuse de différents temps. (Ne négligez donc pas la façon dont vous répartissez ces temps dans votre vie à deux et assurez-vous que personne n'est frustré par cette répartition.) L'exercice qui suit va vous permettre de faire le point.

- **Étape 1**

Vous allez commencer par évaluer le pourcentage de répartition des 5 temps suivants (on ne compte pas le temps de sommeil et le temps de travail).

1. Le temps de couple seul.
2. Le temps de famille (couple + enfant ou bien couple + famille élargie si pas d'enfant).
3. Le temps de couple social (sortie de couple avec des amis).
4. Le temps seul social.
5. Le temps seul (prendre du temps pour soi et uniquement pour soi).

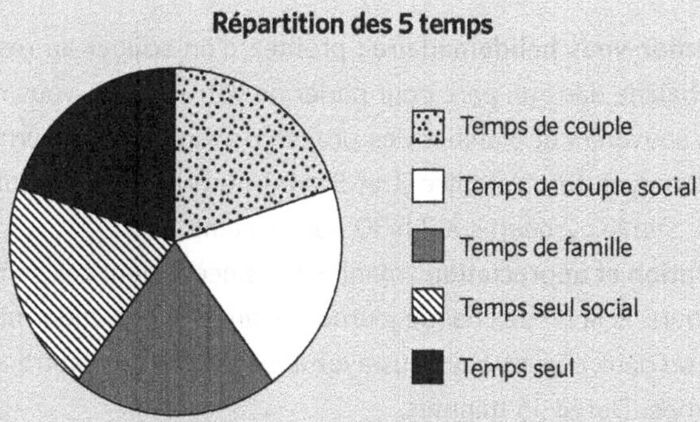

Comparez ensuite votre évaluation avec celle de votre partenaire. Ce sont des perceptions : vous ne serez donc pas forcément d'accord, c'est ce qui est intéressant ! Discutez ensuite de ce que vous pourriez faire pour augmenter ou diminuer certains des temps qui ne vous semblent pas à l'équilibre.

Si vous estimez, par exemple, que vous n'avez pas assez de temps seul, profitez de vos vacances pour instaurer de nouvelles habitudes. Il sera plus facile ainsi de les installer dans votre quotidien après votre retour (par exemple : tous les mardis, je prends deux heures pour aller faire du sport/du chant/de la méditation/lire un livre dans mon bain, etc.).

- **Étape 2**

Si c'est de temps de couple seul que vous manquez, vous pouvez faire l'exercice des cinq heures mis au point par le psychologue Yvon Dallaire (2007), que j'affectionne tout particulièrement.

1. Séparations : avant de vous quitter le matin, découvrez une chose que l'autre va faire aujourd'hui : « Y a-t-il quelque chose de spécial pour toi aujourd'hui au travail ou à la maison ? » (Exemples : visite chez le médecin, rendez-vous important, déjeuner avec des collègues, coiffeur...). Durée : 2-3 minutes × 7 jours, soit 15 à 20 minutes par semaine.

2. Retrouvailles : à la fin de la journée, lancez une conversation peu stressante sur le déroulement de la journée, le temps d'un apéro : « Et puis comment ça s'est passé aujourd'hui ? » Durée : 10-15 minutes × 7 jours, soit 1 h 10 à 1 h 45 par semaine.

3. Manifestations d'affection : touchez-vous, enlacez-vous avec tendresse (sans sexualité), faites-vous des *hugs* au moins une fois par jour en prenant le temps de respirer ensemble deux ou trois fois ; embrassez-vous avant de partir et en arrivant. Durée : 5 minutes × 7 jours, soit 35 minutes par semaine.

4. Un rendez-vous hebdomadaire : profitez d'un souper au restaurant ou d'une balade dans un parc pour parler de votre amour, vous rappeler de beaux souvenirs et planifier des projets d'avenir à court terme (d'ici à 1 an), à moyen terme (entre 3 et 5 ans) ou à long terme (projet de retraite !). Durée : 2 heures à 2 h 30 par semaine.

5. Admiration et appréciation : manifestez sincèrement ces sentiments tous les jours. À la fin de chaque journée, avant de vous endormir, dites-vous une ou deux choses que vous avez appréciées chez l'autre au cours de la journée. Durée : 5 minutes.

- **Étape 3**

Vous allez comparer ces 5 temps à votre temps de travail global. Si vous évaluez que les 5 temps combinés représentent 20 % de votre temps éveillé *versus* 80 % pour votre temps de travail, il est grand temps de faire quelque chose (l'idéal est de tendre vers un 50/50, voire un 60/40 en faveur des 5 temps). Suivant la charge de travail, ce n'est pas toujours possible, mais essayez de ne pas dépasser le 60/40 au profit du temps travail : au-delà vous risquez d'impacter sérieusement vos ressources et votre vie !

Les vacances, me semble-t-il, sont un merveilleux moment pour s'entraîner.

La communication

Il existe pléthore d'exercices pour améliorer la communication dans son couple. Bien communiquer dans la vie à deux (et dans la vie en général) est indispensable pour maintenir son équilibre personnel. Imaginez que vous deviez lutter en permanence contre le fait de ne pas réussir à vous faire comprendre, à exprimer vos besoins ou à comprendre l'autre ! Ce serait épuisant, toutes vos ressources internes y passeraient.

Sans aller jusqu'à de tels extrêmes, le psychologue américain John Gottman (2000) a identifié quatre cavaliers de l'Apocalypse, c'est-à-dire quatre façons de communiquer absolument toxiques pour le couple. Ce sont :

1. la critique ;
2. le mépris ;
3. l'attitude de défense/contre-attaque ;
4. le comportement de fuite, d'évitement ou de retrait.

Si vous sentez que vos échanges sont en permanence des enjeux de pouvoir où le but est de prouver à l'autre à quel point il a tort et à quel point vous avez raison, si vous avez le sentiment que vous entrez sur un ring de boxe chaque fois que vous abordez un sujet, alors c'est que vous êtes pris dans un engrenage qui, au quotidien, va entraîner une dégradation continue de vos ressources et, en vacances, rendre caduc tout projet de récupération.

Un couple heureux ne se bat pas pour avoir raison à tout prix, il est capable de se mettre d'accord pour ne pas être d'accord, et avancer. On ne peut pas se battre sur tout. Si tout est bataille dans votre couple ou si vous avez noté un grand nombre d'items au-dessus de 3 parmi les facteurs de stress présentés dans le tableau proposé plus haut, je vous encourage à entreprendre une thérapie de couple.

Je reviens aux exercices qui améliorent la communication dans un couple. Parmi tous ceux qui existent, il en est un, issu de la thérapie de couple Imago, qui est particulièrement utile dans ma pratique de psychologue. Il s'agit d'une façon de communiquer autour des conflits permettant aux membres du couple de mieux cerner et comprendre ce qui entre en jeu dans certains échanges. Il permet de comprendre mieux le ressenti, la vision de chacun dans un conflit. Il s'agit d'un échange guidé par des amorces de phrases. Je vous propose de le faire une fois par jour pendant vos vacances (ou, encore mieux, de le commencer, à la même fréquence, deux semaines avant votre départ).

- Asseyez-vous l'un en face de l'autre ; vos genoux se touchent et vous vous prenez les mains.
- Fermez les yeux et prenez un moment pour vous centrer sur l'instant présent, sentir la connexion avec votre partenaire, comme si vos mains faisaient un pont entre vos deux mondes.

- Puis vous allez ouvrir les yeux et, sans vous lâcher les mains, l'un de vous va commencer à parler, pendant que l'autre l'écoute sans intervenir.
- Celui qui parle va suivre les grandes lignes du schéma ci-dessous, en complétant les phrases à sa guise :
  1. Une situation qui m'insécurise ou qui me frustre, c'est…
  2. Et l'histoire que je me raconte, c'est…
  3. Ce que je fais quand je vis ça (cette émotion/cette situation/ce dialogue intérieur), c'est…
  4. Le lien que je peux faire avec mon enfance, c'est…
  5. L'impact que ma réaction a sur notre relation, c'est…
- Celui qui écoute prend ensuite la parole et résume ces premiers cinq points en commençant par : « Je comprends que… ».
- Celui qui parle reprend en ajoutant deux derniers points :
  1. Une responsabilité que je pourrais prendre quand je vis ça, c'est…
  2. Une chose que tu pourrais faire pour m'aider, c'est…
- Puis chacun remercie l'autre d'une phrase (« Merci de m'avoir écouté » pour celui qui parle ; « Merci d'avoir partagé cela avec moi » pour celui qui écoute).
- C'est à celui qui écoute de conclure en précisant : « Ce qui m'a touché dans ce que tu as partagé, c'est… »
- Fermez les yeux quelques instants, puis échangez les rôles.

À titre d'exemple, voici comment Mélissa et Roberto ont mené à bien l'exercice (c'est Mélissa qui parle et Roberto qui écoute) :

MÉLISSA. – *Une situation qui m'insécurise ou qui me frustre*, c'est quand tu ne me préviens pas de ton retard.

Et l'histoire que je me raconte, c'est qu'il t'est arrivé un accident ou que tu es en train de me mentir.

Ce que je fais quand je vis ça, c'est que je m'énerve contre toi en te reprochant de ne pas me prendre considération ou de ne faire aucun effort pour être présent pour ta famille.

Le lien que je peux faire avec mon enfance, c'est l'insécurité que j'ai ressentie quand je subissais la guerre dans mon pays.

L'impact que ma réaction a sur notre relation, c'est que cela t'étouffe et que tu t'éloignes encore plus. Cela crée des tensions.

ROBERTO. – *Je comprends que* la situation qui t'insécurise est quand je ne te préviens pas de mon retard. Tu te dis qu'il m'est arrivé un accident ou que je te mens. Du coup, tu t'énerves contre moi et me fais des reproches. Cela te renvoie à ton insécurité et à la peur que tu as ressentie petite quand tu subissais la guerre. L'impact que ta réaction a sur notre relation est qu'elle crée des tensions et que je m'éloigne encore plus.
MÉLISSA. – *Une responsabilité que je pourrais prendre quand je vis ça*, c'est de te l'exprimer sans colère et sans reproche.
Une chose que tu pourrais faire pour m'aider, c'est me rassurer avec un petit SMS quand tu arrives en retard. [Pause]. *Merci de m'avoir écoutée.*
ROBERTO. – *Merci d'avoir partagé ça avec moi.* [Pause.] *Ce qui m'a touché dans ce que tu as partagé*, c'est que le fait que je ne te prévienne pas t'insécurise comme quand tu étais petite.

Une fois que vous avez fini cet exercice et que chacun a pu s'exprimer, vous passez immédiatement à l'exercice suivant. Cette fois, vous allez penser à quelque chose que vous avez apprécié dans le comportement de votre partenaire, ce peut être quelque chose de récent ou d'ancien :

1. Quand je pense à ce moment où tu as...
2. Je me sens...
3. Ça a satisfait en moi le/les besoins de...

Entre Mélissa et Roberto, cela a donné :
ROBERTO. – *Quand je pense à* ce moment où tu as géré l'organisation de nos vacances, *je me sens* plein de gratitude et de reconnaissance, *ça a satisfait en moi le besoin* d'être soulagé de toute planification et de pouvoir me projeter dans un futur moment de détente.

Il est important de toujours terminer l'exercice sur les situations désagréables par l'expression de gratitude ou de compliments en se rappelant toujours que dans un couple nous avons besoin de cinq compliments pour annuler une critique !

La sexualité

Avant d'aborder ce sujet, il faut d'abord s'entendre sur sa définition ! Lorsque je demande à mes patients à quel âge a débuté leur sexualité, la moitié d'entre eux me donne l'âge de leur premier rapport sexuel. Hormis les cas d'abus, qui dévastent le développement psychosexuel et obligent à un travail de reconstruction, la masturbation et l'exploration personnelle de son corps constituent le plus souvent l'étape numéro 1 de la sexualité.

D'une manière générale, la sexualité comporte trois pans :

1. La sexualité personnelle (masturbation, connaissance de son corps, image de soi, etc.).
2. Les fantasmes (l'ensemble des images et des scénarios à caractère érotique qui ont un pouvoir excitant).
3. La sexualité relationnelle.

Ce qui veut dire que, si vous êtes célibataire ou que vous n'avez jamais eu de relation sexuelle, vous êtes concerné par les pages qui suivent.

Le docteur en sciences biomédicales Iv Psalti est un sexologue et un thérapeute de couple renommé en Belgique. On lui doit notamment l'application du concept de « ligues » (bonjour les amateurs de foot !) pour classer les personnes suivant leur rapport à la sexualité. Les ligues répertoriées vont de 5 à 1 (Psalti, 2019).

- La ligue 5 regroupe les asexuels, c'est-à-dire les personnes qui n'éprouvent aucun attrait pour la sexualité, qu'elle soit relationnelle ou personnelle. Les asexuels vivent très bien sans sexualité, sans pour autant avoir subi de traumatisme sexuel ou dû renoncer à leur sexualité pour une raison quelconque. Simplement ils n'ont jamais ressenti de désir et de plaisir sexuels (ou vraiment très peu).
- La ligue 4 rassemble les sexophobes, soit tous ceux qui ont de réelles difficultés sur le plan sexuel : anxiété de performance ; troubles de l'érection ou de l'excitation ; troubles de l'orgasme ou de l'éjaculation ; dégoût ou crainte ; complexe ou gêne ; incapacité à

parler de sexe ; troubles du désir ; etc. Les sexophobes auront généralement besoin d'une sexothérapie pour améliorer leur vie sexuelle.

• La ligue 3 et la ligue 2 englobent les intermittents du sexe, ceux qui ont un désir plutôt sporadique : il leur faut un contexte spécifique ou ne pas être trop fatigués, par exemple. Ils considèrent que le sexe est un moment particulier, un événement qui se prépare. On peut donc faire l'amour toutes les semaines et être quand même intermittent ! Cela concerne également le rapport qu'on a au sexe. Comment on le considère.

• La ligue 1 est celle des sexophiles, toujours parfaitement à l'aise avec le sexe. Pour eux, ce n'est pas un événement particulier, mais un acte naturel qui s'inscrit dans leur quotidien, comme faire du sport ou manger. Les sexophiles ont bien érotisé leur corps et le corps de l'autre ; ils ont une image corporelle plutôt bonne (et qui le reste malgré le temps qui passe) et des fantasmes qui se révèlent efficaces. Cela ne veut pas dire qu'ils ont une libido à 100 % vingt-quatre heures sur vingt-quatre. Simplement, ils acceptent que leur libido suive une courbe sinusoïdale, comme la faim ou le sommeil. Plutôt curieux dans la sexualité, ils aiment bien découvrir de nouvelles pratiques (ce qui ne signifie pas qu'ils aiment tout !).

Revenons aux couples en vacances. Vous vous en doutez, les pages suivantes ne s'adressent ni aux asexuels (ligue 5) ni aux sexophiles (ligue 1), vu que le sexe n'est pas un « sujet » pour eux, même si ce n'est pas pour la même cause. Restent les autres catégories. Si vous êtes plutôt sexophobe (ligue 4), vous tirerez profit de ce qui suit, mais je vous encourage néanmoins à aller voir un psychologue formé en sexologie positive. Bref, ce sont les intermittents (ligues 2 et 3) qui bénéficieront le plus de ce chapitre !

Tout comme j'essaie d'emblée, quand je reçois un couple, de cerner l'origine, extérieure ou intérieure, des difficultés qu'il rencontre, je suis toujours attentive à la façon dont les couples qui viennent me voir en thérapie se comportent en vacances sur le plan sexuel. D'après mon expérience, c'est un bon test.

Dans ma pratique, les couples qui n'arrivent pas à « se retrouver sexuellement » en vacances, malgré le changement bienfaisant d'environnement qui booste généralement la libido, sont souvent des couples en grande difficulté, où l'un des deux partenaires (ou les deux) est sexophobe ; ceux qui, une fois le stress du quotidien écarté, retrouvent du désir sont habituellement des intermittents qui nécessiteraient un petit coup de pied aux fesses pour maintenir une sexualité satisfaisante toute l'année !

De très nombreuses études ont, en effet, montré combien le sexe est bon pour la santé. Comme le rappelle Iv Psalti (2019), « le sexe favorise un meilleur équilibre hormonal, provoque une explosion d'endorphine (morphine endogène) et d'ocytocine (hormone du lien et de l'attachement) au moment de l'orgasme ; il réduit le stress et l'anxiété. C'est bon pour la migraine et le cœur, ça permet de réduire les risques de cancer du sein chez les femmes. C'est très bon aussi pour le sommeil ».

Comme on a tous envie de rester en bonne santé, je vous propose quelques exercices pour relancer ou mieux profiter de votre sexualité pendant vos vacances. Évidemment, l'idéal est de poursuivre APRÈS !

ET SI VOUS DÉCOUVRIEZ LE SENSATE FOCUS ?

Le Sensate Focus est une technique inventée par William Masters et Virginia Jonhson (1971) et qui a ensuite été développée et améliorée par Iv Psalti (2019). Il comporte quatre phases, chacune durant environ trois semaines. Le principe en est l'érotisation (ou la réérotisation) progressive du corps de l'autre et de son propre corps afin d'aborder la sexualité relationnelle avec moins d'angoisse et en oubliant tout objectif : on profite juste de l'expérience et de l'instant présent. Chaque phase s'accompagne d'un type de massages effectués en pleine conscience à faire une fois par semaine (20-40 minutes par massage, un massage chacun par semaine). Suivant les couples que je reçois, j'ai l'habitude de modifier un peu les étapes : j'en ajoute ou j'en enlève.

Voici donc les différentes étapes de mon Sensate Focus. Je vous en livre une version express pour les vacances (sur quinze jours) et une version complète (sur trois ou quatre mois) à pratiquer hors vacances.

Instructions générales

1. Lors de chaque massage, vous allez tenter d'être pleinement conscient des sensations que vous éprouvez. Si vous êtes le masseur, prenez conscience des sensations dans vos mains, de votre toucher, de ce que vous ressentez quand vous massez l'autre. Chaque fois que votre esprit s'évade, recentrez-vous sur vos sensations corporelles. Vous pouvez également reporter votre attention sur les odeurs de l'huile, de la pièce, de l'autre, les sons de sa respiration, de la vôtre.
2. Chaque massage doit durer entre 10 et 20 minutes (dans le protocole original, il durait entre 25 et 40 minutes), mais je préfère un couple qui fait 10 minutes plutôt qu'un couple qui se décourage, car les 30 minutes lui paraissent beaucoup trop longues, et qui ne fait rien du tout.
3. Idéalement les massages n'ont pas lieu le même jour ou pas à la suite. Par exemple, mardi, Josy fait le massage et José le reçoit ; jeudi, c'est José qui fait le massage et Josy qui le reçoit. Pour la version vacances qui est limitée dans le temps, on dira que mardi matin, c'est Josy qui reçoit son massage et que mardi soir, c'est José. Cela étant, certains couples de patients préfèrent enchaîner les deux massages, ils trouvent que c'est plus facile à organiser. Et cela ne gâche pas le moins du monde leur moment. Donc, si vous êtes plus à l'aise pour les faire le même jour, c'est OK aussi !
4. Essayez de préparer un environnement propice : bougies, lumière tamisée, musique, etc.
5. Ne parlez pas pendant les massages, mais n'hésitez pas à débriefer après sur ce que vous avez aimé ou moins aimé.

Dans la version originale vous commencez directement avec le massage 2. Pour ceux qui ont des difficultés avec la nudité et l'image du corps, je vous propose une étape préliminaire.

- **Massage 1 (pour ceux qui sont particulièrement mal à l'aise avec leur corps) : on découvre progressivement.**

Vous êtes en sous-vêtements tous les deux. Vous n'avez pas le droit de toucher les zones sexuelles (sexe, fesses, poitrine).

Pour ceux qui ont de grosses difficultés avec l'image du corps, vous pouvez commencer entièrement dans le noir, puis mettre de plus en plus de lumière (bougie, lampe tamisée, lampe qui éclaire davantage, etc.).

Version vacances : chaque jour pendant 3 jours (soit 6 massages au total, 3 chacun).

Version complète : 1 fois par semaine pendant 3 semaines (soit 6 massages au total, 3 chacun).

- **Massage 2 (si vous n'avez aucun problème avec la nudité ou avec l'image du corps, vous pouvez commencer ici) : redécouverte du corps de l'autre.**

Commencez par prendre une douche ensemble. Lavez-vous mutuellement, puis séchez-vous l'un l'autre.

Vous êtes nus tous les deux. Vous n'avez pas le droit de toucher les zones sexuelles.

Version vacances : chaque jour pendant 3 jours (soit 6 massages au total, 3 chacun).

Version complète : 1 fois par semaine pendant 3 semaines (soit 6 massages au total, 3 chacun).

- **Massage 3 : on joue au docteur**

Commencez par prendre une douche ensemble. Lavez-vous mutuellement, y compris les zones sexuelles si c'est OK pour vous. Sinon, chacun lave ses propres zones sexuelles.

Vous êtes nus tous les deux. Vous avez le droit de masser les zones sexuelles, mais sans pénétration, quelle qu'elle soit (sexe, main, langue, objet).

Masser les zones sexuelles ne veut pas dire masturber : on touche, on titille, on regarde, on observe. On redécouvre le corps de l'autre, on se laisse aller à ses fantasmes.

Version vacances : chaque jour pendant 3 jours (soit 6 massages au total, 3 chacun).

Version complète : 1 fois par semaine pendant 3 semaines (soit 6 massages au total, 3 chacun).

- **Massage 4 : on explore**

Commencez par prendre une douche ensemble. Lavez-vous mutuellement, y compris les zones sexuelles.
Vous êtes nus tous les deux. Vous pouvez masser les zones sexuelles, explorer et masturber votre partenaire. Il s'agit ici d'un mélange entre un massage en pleine conscience et une séance de sexe exploratoire où le but n'est ni l'orgasme ni la jouissance absolue (si ça arrive, c'est la cerise !), mais vraiment de prendre un moment pour explorer votre partenaire, ses sensations, ses zones érogènes secondaires.
Version vacances : chaque jour pendant 3 jours (soit 6 massages au total, 3 chacun).
Version complète : 1 fois par semaine pendant 3 semaines (soit 6 massages, 3 chacun).

- **Massage 5 : on explore et on pénètre**

Commencez par prendre une douche ensemble. Lavez-vous mutuellement, y compris les zones sexuelles.
Cette étape est la même que la précédente sauf que vous y incluez la pénétration.
Version vacances : chaque jour pendant 3 jours (soit 6 massages, 3 chacun).
Version complète : 1 fois par semaine pendant 3 semaines (soit 6 massages, 3 chacun).

Si, à la fin des vacances, vous n'avez pas réussi à atteindre l'étape 5, ce n'est pas grave. Lorsque vous serez rentrés chez vous, continuez le protocole en basculant simplement sur la version complète.

Si vous êtes parvenus à faire tous les massages pendant vos quinze jours de vacances, lorsque vous serez rentrés à la maison, continuez simplement le massage 5 à raison de deux fois par mois.

Les massages sont loin d'être un exercice anodin. Ils permettent de se reconnecter doucement à l'autre, de réapprivoiser son corps, d'apprendre à se toucher de nouveau. Le fait de se toucher est indispensable pour que notre sécrétion d'ocytocine, hormone de l'attachement, perdure. Les couples qui ne se touchent plus, ne se font plus de câlins sexuels se déconnectent. Le lien s'étiole.

Si c'est le cas de votre couple, renouer doucement avec ces massages en profitant du fait d'être en vacances sera très profitable pour votre relation.

LES JEUX

Les jeux sont un autre bon moyen d'améliorer ou de relancer la communication sexuelle dans un couple. Ils permettent de remettre un peu de légèreté dans une sexualité devenue sérieuse, de résoudre des problèmes qui résistent depuis longtemps, voire de lever des tabous. Évidemment il en existe de toutes sortes aujourd'hui dans le commerce, mais j'ai l'habitude d'en proposer trois aux couples que je suis en thérapie :

• Pour ceux qui n'ont aucune communication sexuelle (niveau 1) : le jeu Aperi'cul®. Les questions sont très soft, vous pouvez même y jouer entre amis !

• Pour ceux qui sont plus avancés (niveau 2) : Discultons® qui permet d'approfondir la communication sexuelle et les échanges. Il s'agit de cartes avec des questions plus ou moins poussées.

• Pour ceux qui ont déjà de solides connaissances (niveau 3) : action ou vérité. Erotic Party Éditions® qui va plus loin en proposant de petits défis coquins.

Vous êtes célibataire ?

Ne pas être couple n'implique pas qu'on n'a pas de sexualité. Certains célibataires ont même une sexualité bien plus active que nombre de couples !

Si vous n'êtes pas trop fan des relations d'un soir ou des passions de vacances, rien ne vous empêche de vous fixer des rendez-vous avec vous-même. Comme dirait Iv Psalti : « Dis-moi comment tu te masturbes, je te dirai qui tu es ! »

À quel point connaissez-vous votre corps ?

Et si vous profitiez de vos vacances pour vous reconnecter à votre corps ? Pour prendre, par exemple, un moment et vous regarder dans un miroir ?

- Observez-vous sous toutes les coutures. Prenez conscience des pensées qui vous viennent quand vous vous observez. Sont-elles plutôt négatives ? neutres ? bienveillantes ? Coloriez mentalement en vert toutes les zones que vous aimez chez vous.
- Observez votre sexe avec un miroir. Familiarisez-vous avec ce que vous voyez. Essayez de voir si vous pouvez le regarder avec bienveillance. Si ce n'est pas le cas, notez simplement que c'est difficile pour l'instant et que c'est votre expérience du moment.
- Ensuite prenez un moment pour vous mettre de la crème partout sur le corps. Alternez les moments où vous fermez les yeux, en vous centrant simplement sur vos sensations, sur l'odeur de la crème, et les moments où vous vous regardez dans le miroir prendre soin de votre corps.

Les pouvoirs de la masturbation

Tout comme les relations sexuelles, la masturbation est très bonne pour la santé ! Certaines études ont, par exemple, montré qu'elle réduit le cancer de la prostate chez les hommes. Les sexophiles, même lorsqu'ils/elles sont en couple, continuent de se masturber régulièrement.

La masturbation, bien qu'elle soit encore parfois culpabilisée ou diabolisée, est une activité sexuelle SAINE (sauf, évidemment, quand elle est compulsive ou qu'elle a lieu dans des endroits inappropriés !). C'est un temps pour soi, entre soi et soi, à effectuer tranquillement chez soi.

- Commencez par soigner le décor et l'ambiance : bougie, musique, coupe de champagne, etc. Vous êtes en rendez-vous avec vous-même !
- Ensuite prenez un bain ou une douche, faites une méditation, détendez-vous, relâchez tout.
- Utilisez vos mains ou un objet (peut-être pouvez-vous profiter de cette période de vacances pour essayer des choses que vous n'avez pas essayées).
- Fermez les yeux et convoquez vos fantasmes. Pendant que vous vous masturbez, ne restez pas figé. La masturbation doit être ondulatoire, c'est-à-dire que votre corps aussi bouge (pas seulement votre main ou votre bras !). Respirez profondément aux rythmes de vos ondulations.
- Observez les différents pics d'excitation, jouez avec les limites de l'orgasme.
- Une fois que ce moment arrive à son terme, remerciez-vous pour cet instant que vous vous êtes accordé.

Vous remarquerez dans ce chapitre que je ne parle pas des enfants. C'est volontaire ! Il s'agit justement de profiter des vacances pour renouer avec le couple constitué de deux humains qui se séduisent l'un l'autre en se décentrant un peu de l'équipe parentale.

Se décentrer ne voulant pas dire ne plus être une équipe parentale. Même si on le voulait on ne le pourrait pas ! Ce sont vos enfants, il faut bien s'en occuper ! On ne peut pas les mettre en SAV pendant les vacances et puis on les aime nos bouts de chou !

Cependant, être parents ne doit pas signifier désexualiser l'autre. Votre couple est aussi important que vos enfants. Et voir leurs parents s'éclater ensemble, rire et se faire des bisous pendant les vacances (et le reste de l'année) est un élément d'équilibre incontestable pour eux.

CHAPITRE 7

Que se passe-t-il dans un cerveau en vacances ?

Depuis plusieurs années, les recherches en neurosciences ont pu, grâce à des appareils de plus en plus sophistiqués, mettre en évidence l'activité cérébrale liée à des situations, des états d'âme ou des pathologies. Le cerveau est un organe qui nous réserve encore, j'en suis sûre, de nombreuses surprises et découvertes dans les années à venir, mais l'exploration de son fonctionnement nous permet d'ores et déjà de mieux comprendre un certain nombre de phénomènes neuropsychologiques (on arrive même à objectiver les effets de telle ou telle psychothérapie !) et, pour en venir à notre sujet, de mieux savoir ce qui se passe dans notre tête quand nous nous « débranchons » pendant nos vacances.

Voyage dans le cerveau

Commençons par regarder à quoi un cerveau ressemble et comment il fonctionne, grossièrement. Les deux schémas qui suivent permettent d'en visualiser les régions principales, avec leur rôle respectif :

Dans le premier schéma vous retrouverez les parties principales de votre cerveau avec leurs différents rôles et dans le second schéma nous voyons les différentes aires cérébrales ainsi que leurs fonctions de façon un peu plus détaillée.

En psychologie, en particulier quand on travaille sur les traumatismes psychiques avec la technique de l'EMDR (*eye movement desensitization and reprocessing*), on s'intéresse particulièrement à trois régions :

- la région englobant les aires sensorielles, c'est-à-dire celles relatives au toucher, à l'odorat, à la vision, à l'audition et au goût (zones 1, 5, 7, 8, 9, 10 sur le second schéma) ;
- l'aire émotionnelle (zone 6) ;
- le lobe temporal pour la mémoire (zone 2) ;
- le cortex préfrontal pour les activités intellectuelles (zone 13).

Ce qui influence l'activation de ces différentes régions cérébrales, ce sont, entre autres, les neuromédiateurs et les hormones.

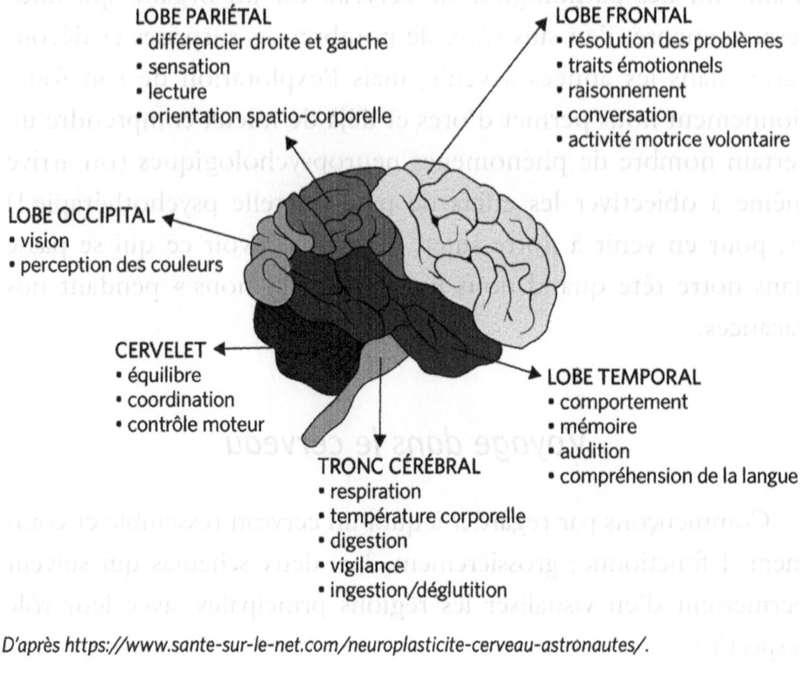

D'après https://www.sante-sur-le-net.com/neuroplasticite-cerveau-astronautes/.

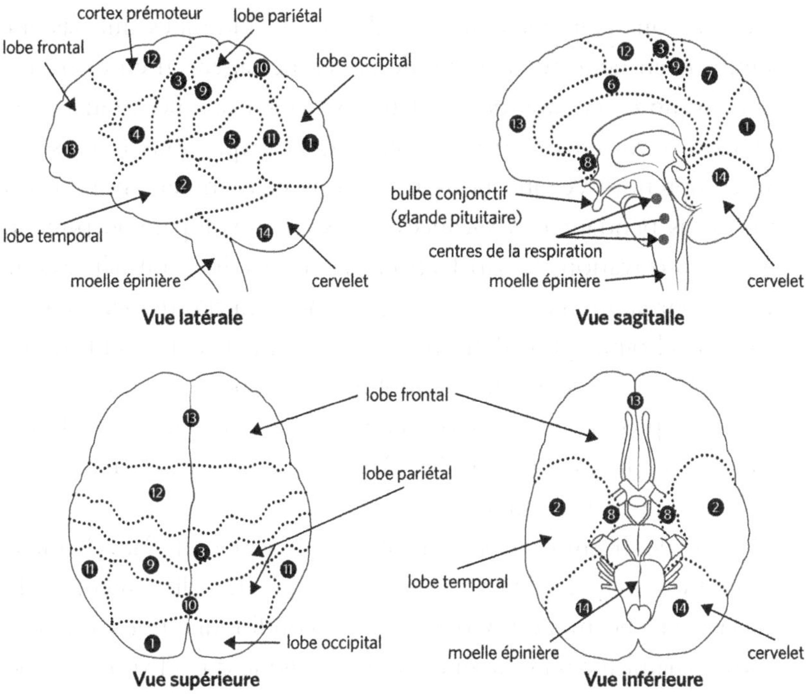

AIRES FONCTIONNELLES DU CORTEX CÉRÉBRAL

❶ **Aire visuelle**
vue
reconnaissance d'images
perception d'images

❷ **Aire associative**
mémoire à court terme
équilibre
émotions

❸ **Cortex moteur**
initiation des muscles volontaires

❹ **Aire du langage (de Broca)**
muscles de la parole

❺ **Aire auditive**
audition

❻ **Aire émotionnelle**
douleur
faim
réponse simulée « lutte ou fuite »

❼ **Aire de l'association sensorielle**

❽ **Aire olfactive**
senteur

❾ **Aire sensorielle (somesthésique)**
sensations des muscles et de la peau

❿ **Aire associative (somato-sensorielle)**
évaluation poids, texture, température, etc.
reconnaissance des objets

⓫ **Aire de compréhension (de Wernicke)**
compréhension du langage écrit et parlé

⓬ **Aire prémotrice**
mouvement des yeux et orientation

⓭ **Aire préfrontale (des fonctions mentales supérieures)**
concentration
planification
jugement
expression émotionnelle
créativité
inhibition

AIRES FONCTIONNELLES DU CERVELET

⓮ **Fonctions motrices**
coordination des mouvements
équilibre
posture

D'après http ://www.astrosurf.com/luxorion/bio-systemes-humains2.htm.

Les neuromédiateurs sont des substances chimiques qui passent de neurone en neurone, comme de petits messagers. Il en existe un certain nombre (et sans doute d'autres dont nous ne connaissons pas encore l'existence), mais il y en a quatre qui nous intéressent pour comprendre ce que nous ressentons et comment nous nous comportons pendant nos vacances. Ce sont : la dopamine pour le plaisir, la motivation, la satisfaction ; la sérotonine, antidépresseur naturel, pour la sérénité, le sommeil, le sentiment d'être bien dans sa vie ; l'acétylcholine, pour l'intuition, la créativité, le côté aventureux ; enfin, le GABA (acide gamma-aminobutyrique), pour le repos mental, mais aussi la production d'endorphines qui est à l'origine de la douce sensation d'euphorie. Il neutralise l'excès de cortisol et d'adrénaline (les deux responsables du stress).

Du côté des hormones, on peut citer l'ocytocine pour l'attachement et la tendresse (elle est libérée notamment lors de l'allaitement et de l'orgasme) et l'hormone thyroïdienne qui conditionne notre humeur et notre dynamisme/état fatigue (ce qui explique que l'hypothyroïdie ressemble à un état dépressif et l'hyperthyroïdie à un état maniaque).

Un état de stress, un choc, un traumatisme dérèglent notre système neuro-hormonal qui va, à son tour, amplifier l'état de détresse émotionnelle.

Dernière notion à connaître avant d'aller explorer plus en détail notre cerveau en vacances : l'activité cérébrale par défaut, c'est-à-dire l'activité du cerveau quand il ne fait rien de particulier. Un cerveau qui se repose est un cerveau qu'on laisse simplement fonctionner comme il en a envie, qui peut activer les zones dédiées aux pensées flottantes, à la rêverie, au vagabondage mental, qui sont propices à la créativité. Le dorso-médian qui nous amène à réfléchir sur nous-même, qui nous aide à entrer à l'intérieur de nous-même ou la zone qui fait affluer les souvenirs et les projections du futur.

Malheureusement, par les temps qui courent, notre cerveau, comme vous l'imaginez, n'est pas souvent en RTT. Et, pour se régénérer, il a besoin de ses congés notre petit cerveau ! Sinon, comme le corps, il s'épuise.

Décélérer en douceur

Dans les périodes d'activité, le chef d'orchestre est notre cortex préfrontal. C'est lui qui planifie, gère, exécute, se concentre, modère, turbine, tout en restant à l'écoute des autres structures, notamment du lobe temporal où sont stockées les informations. Son activation est au max ! Les recherches ont d'ailleurs montré que son activation est très coûteuse en énergie, suggérant que son degré de saturation pourrait être impliqué dans la fameuse sensation de « charge mentale » liée à l'afflux massif de représentations internes du type « Je dois penser à... » ou « Je ne dois pas oublier de... » et dans le phénomène de burn-out induit par un surmenage intellectuel. L'hypothèse actuelle des neuroscientifiques va dans le sens d'un « épuisement » des neurotransmetteurs situés dans cette région, notamment de celui de la dopamine. Cet épuisement expliquerait le manque total de motivation, l'énergie qui frôle le zéro et la capacité quasi nulle à se concentrer...

En période d'activité, les régions reliées à la mémoire et aux émotions sont également sollicitées en permanence et pompent notre énergie. Sans parler du système de détection d'erreurs qui met en jeu plusieurs structures cérébrales : « Le système de détection d'erreurs est en charge de comparer nos actions en cours avec les différents buts à atteindre pour réaliser les ajustements nécessaires en cas de besoin, ce qui peut être assez désagréable. Et même si nous avançons dans la bonne direction, la pression temporelle peut introduire une source d'erreurs supplémentaire (ne pas finir à temps) qui pousse à tenter d'accomplir plusieurs objectifs en même temps » (Lachaux, 2015).

Et, quand on est en vacances, il se passe quoi ? À la veille de partir, votre cerveau reste saturé et suractivé. Votre cortex préfrontal surchauffe toujours quand vous faites votre valise, gérez le départ, rangez l'appart (surtout si vous vous y prenez la veille au soir, en mode pressé/stressé !). Et puis vous arrivez (enfin !)

à destination, et là, tout d'un coup, pouf, tout s'arrête. Comment voulez-vous que votre cerveau ait eu le temps de suivre ! Il vient de passer en quelques heures de 200 à 20 % d'activité : c'est rude…

Les vacances commencent donc par un premier temps où votre cerveau doit s'adapter, ce qui explique que vous puissiez vous sentir un peu déboussolé, confus ou perdu au début. On dit souvent : « Je prends mes marques » quand on arrive en vacances, et c'est totalement vrai. Votre cerveau « prend ses marques » et il ne comprend qu'il peut relâcher qu'au bout de trois ou quatre jours. Et là ? Là, c'est souvent le drame ! Car notre réseau par défaut se met en route, ce qui explique la fameuse dispute de couple du jour 3 (voir chapitres 2 et 6), le spleen du retour à soi-même et l'état mou du genou. Ensuite, vous allez mettre environ trois autres jours à vous habituer et ce n'est qu'au bout de ces trois jours supplémentaires que vous allez enfin commencer à récupérer et à profiter pour de vrai.

Vous comprenez mieux maintenant ce que nous avons dit dans notre première partie sur la nécessité de décélérer avant de partir (voir chapitre 3) : c'est, en fait, pour rendre l'enclenchement du mode par défaut moins brutal. Respecter le fonctionnement naturel de notre cerveau est capital dans l'organisation de nos vacances. Les exercices et les conseils que je vous propose dans ce livre sont là pour vous y aider.

On enclenche le mode par défaut, mais pas trop…

Vous êtes enfin arrivé en vacances, vous vous sentez un peu désorienté et vous vous demandez ce que vous pouvez faire pour enclencher en douceur votre mode par défaut ? Voici quelques astuces qui peuvent être utiles dans les jours qui suivent votre arrivée.

• Instaurez d'emblée un traitement séquentiel, et non simultané, de vos actions (voir chapitre 3). En résumé, une chose à la fois ! Fixez-vous un ordre d'exécution et respectez cet ordre. Chaque fois que votre esprit pense à l'action suivante, alors que vous n'avez pas encore fini celle en cours, ramenez votre attention sur ce que vous êtes en train de faire. Ne vous occupez pas de crémer le petit tout en réservant le resto du soir. Crémez d'abord, réservez ensuite ! Et quand vous crémez, prenez le temps de vous concentrer sur la crème et sur ce moment partagé avec votre enfant. Prenez le temps d'apprécier là où vous êtes et ce que vous faites (oui, même si votre progéniture vous hurle dessus parce qu'elle a de la crème dans les yeux !).

• Commencez vos vacances avec des activités douces qui mettront progressivement votre cerveau en mode par défaut. Les activités créatives et manuelles sont parfaites pour cela, car elles allient les moments de cerveau par défaut à de courts moments d'activation du cortex préfrontal (j'y reviens dans la partie suivante). Pour ceux en particulier qui redoutent le spleen, le vide ou de faire face à eux-mêmes, ce type d'activité est idéal : « Un cerveau au repos n'est pas tant un cerveau inactif (c'est impossible) qu'un cerveau totalement impliqué dans son activité du moment, sans autre perspective. Seul importe ce que vous êtes en train de faire à l'instant » (Lachaux, 2015).

• Dans les deux jours qui précèdent votre départ, coupez progressivement avec votre travail jusqu'à déconnecter TOTALEMENT en vacances. Ce principe est fondamental pour pouvoir activer votre réseau par défaut et régénérer votre cerveau. Regarder vos mails pros, accepter de répondre à un message réactivera immédiatement votre cortex préfrontal et la charge mentale qui va avec. Votre cerveau a besoin de se ressourcer, et il ne peut le faire qu'avec le mode par défaut.

Fiche récap 2 : pendant vos vacances

1. J'identifie si j'ai besoin de tout contrôler. Si oui, j'identifie l'angoisse associée à ma pensée négative (exemple : « Si je ne contrôle pas, alors... »). Et je mets en place une pensée alternative (exemple : « Si on dévie de la trajectoire que j'avais fixée, on pourra quand même retrouver notre itinéraire et se mettre en sécurité »).
2. J'identifie si j'ai des difficultés d'affirmation de soi. Si oui, je peux lire *Affirmez-vous !* de Frédéric Fanget (2011) et/ou *La Nouvelle Peur des autres* de Christophe André, Patrick Légeron et Antoine Pelissolo (2023). Je peux également m'inscrire à une thérapie de groupe travaillant sur l'affirmation de soi avec un psychologue formé aux thérapies cognitives et comportementales.
3. J'identifie si je culpabilise quand je me repose. Si oui, je fais la méditation proposée dans ce livre au chapitre 4 (p. 84).
4. J'exprime mes besoins à mes compagnons de route et j'écoute les leurs (idéalement avant de réserver, sinon, avant de partir ou en début de séjour).
5. Si quelque chose me contrarie, je m'exprime avec les techniques de communication proposées au chapitre 5 (p. 86).
6. Je m'aménage au moins une heure de solitude par jour.
7. Si je pars en famille je réponds préalablement aux quatre questions de la page 89.
8. Je fais l'exercice de la sphère relationnelle (voir p. 93).
9. Je prends conscience de mes râleries automatiques, j'essaie de ne pas les exprimer ou d'agir pour modifier ce qui me dérange.
10. Si je suis très angoissé comme Martine ou Juju (voir chapitre 5), je peux lire des ouvrages sur le sujet pendant les vacances (et/ou me décider à faire plus tard une thérapie pour travailler sur mes peurs).
11. Si je suis en couple j'évalue mes facteurs de stress ; idéalement avant de partir ou en début de séjour (voir chapitre 6).
12. J'évalue la répartition des 5 temps dans mon quotidien. Je compare ensuite ma perception avec celle de mon partenaire (voir chapitre 6).
13. Pendant les vacances, je veille scrupuleusement à respecter l'exercice des 5 heures pour me recentrer sur mon couple (voir chapitre 6).

14. Je pratique aussi le dialogue connecté avec mon partenaire ; on peut aussi le faire avec un ami et même avec son ado (voir chapitre 6).
15. En couple, je pratique le Sensate Focus et j'emporte un jeu coquin (voir chapitre 6).
16. Si je suis seul je me fixe des rendez-vous avec moi-même (voir chapitre 6).
17. Avant de partir, je ralentis progressivement.
18. En début de vacances, je privilégie des activités douces pour que mon cerveau passe tranquillement en mode par défaut.

TROISIÈME PARTIE

Les clefs pour des vacances réussies

CHAPITRE 8

Bien commencer sa journée

Rappelez-vous dans la première partie, nous avions commencé à parler du sommeil. Je vous avais dit que, pour moi, la vie avant 9 heures n'existait pas. Que vous soyez du matin ou du soir, le manque de sommeil est toujours dommageable pour le cerveau et délétère pour l'état émotionnel. Pendant que nous dormons, notre cerveau se nettoie de ses substances toxiques, digère les traumas, restaure les mémoires. Bref, sans sommeil, pas d'équilibre ! C'est vrai hors vacances et, bien sûr, en vacances…

Bien dormir pour mieux régénérer son cerveau

Amusez-vous à chercher « cerveau et sommeil » sur Google et vous verrez le nombre astronomique d'articles qui démontrent les bienfaits du second sur le premier. Mieux, vous pouvez lire l'ouvrage de Steven Laureys, *Le sommeil, c'est bon pour le cerveau* (2023). Dans ce livre, le neurobiologiste rappelle que le sommeil est une absolue priorité et déplore que les gens qui dorment peu soient aussi valorisés professionnellement dans notre société. L'avenir qui appartient à ceux qui se lèvent tôt, l'entrepreneur qui est debout à l'aurore pour mieux relever les défis qui l'attendent, le sportif de haut niveau qui se lève à 5 heures pour pratiquer et devenir encore plus performant : toutes ces images culpabilisent les dormeurs. Je suis complètement d'accord avec lui.

Quand on me demande à quelle heure je commence mes consultations et que je réponds 10 heures ou 11 heures selon les jours, je sens peser sur moi un regard qui semble dire : « Ah ben, ça va ! », ou : « Elle dit qu'elle n'arrête pas de bosser, mais elle ne fout rien en fait… » Sauf que je finis à 20 heures ou 21 heures et que je prends vingt minutes de pause déjeuner (ce qui n'est pas bien du tout, surtout ne faites pas ça !). Dans le même ordre d'idées, les adolescents sont souvent taxés de flemmards, parce qu'ils se couchent très tard et se lèvent à midi. Sauf qu'on oublie que leur biorythme est décalé et qu'ils sont déphasés dans leur sommeil.

Le temps de sommeil n'est JAMAIS du temps perdu. C'est un temps indispensable pour restaurer ses ressources. Si vous souffrez de troubles du sommeil, que votre sommeil est irrégulier ou non réparateur, prenez le problème à bras-le-corps. N'hésitez pas à aller voir un spécialiste du sommeil pour vous aider. Des psychiatres, des psychologues, des neuroscientifiques et certains généralistes en ont fait leur domaine de prédilection.

Bref, vous l'avez compris, il est indispensable pour bien commencer sa journée d'avoir bien dormi. Que ce soit sept ou dix heures, l'essentiel est la qualité de votre sommeil, et la régularité des horaires de coucher et de réveil est capitale pour obtenir ce sommeil réparateur. Vos cycles circadiens ont besoin de repères. Essayez de trouver quel est votre rythme naturel et respectez-le le plus possible, semaine et week-end compris (voir chapitre 3).

La révolution du matin

Contre toute attente, entre l'écriture de la première partie de ce livre et le moment où j'écris ces lignes, j'ai fait une expérience qui a révolutionné mes journées. Je ne dis pas qu'elle a transformé mon existence, car je pense que c'est à l'aube de ma mort que je saurai vraiment ce qui a changé ma vie, mais il est clair qu'elle a eu un gros impact jusqu'ici.

J'entendais depuis plusieurs années parler du fameux livre *Miracle morning* (2017) du coach américain Hal Elrod, mais avec un tel titre et une méthode dont la base est de se lever plus tôt, je me disais que, clairement, ce n'était pas pour moi. Et puis je me suis décidée à le lire. J'en étais à peu près à la moitié quand je suis partie pendant les vacances de la Toussaint avec ma fille cadette qui avait 5 ans à ce moment-là. C'était pile pendant le passage à l'heure d'hiver. Conséquence : ma fille et moi nous nous sommes mises toutes les deux à nous lever naturellement à 8 heures au lieu de 9 (oui, mes filles aussi aiment bien dormir !). En somme, sans me violenter, je me suis retrouvée à commencer mes journées une heure plus tôt. Parfaite synchronisation pour poursuivre la lecture de l'ouvrage d'Elrod !

J'ai décidé, en rentrant de vacances, de commencer à pratiquer le *miracle morning* en l'adaptant à ma sauce (on ne se refait pas !). Cela fait maintenant trois mois que je suis cette routine tous les matins et je vous assure qu'elle a réellement un impact. Les deux ou trois fois où j'ai zappé, j'ai senti la différence. Grand merci, Hal Elrod ! (Toute petite précision au passage : dans tous les livres de développement personnel, on en prend, on en laisse ; celui de Hal Elrod promet de devenir super riche avec sa méthode, j'attends encore !)

Voici donc le *miracle morning* dans sa version originale (je vous donnerai ensuite la mienne !).

- La veille au soir, avant de s'endormir, on définit des intentions. Par exemple, avant de dormir, vous vous dites dans votre tête : « Demain, je serai patient avec mes enfants » ou : « Demain je serai particulièrement bienveillant avec mon équipe » ou : « Demain je serai très connecté à mes besoins ».
- Pour le lever du lendemain, on pense à éloigner son réveil du lit pour ne pas être tenté d'appuyer sur *snooze* et on commence sa

journée en buvant un grand verre d'eau préparé la veille et laissé sur la table de nuit, on se brosse les dents et on enfile sa tenue de sport.

- Ensuite, c'est parti pour les 6 étapes du *miracle morning* (Elrod, 2017) :

1. 10 minutes de silence ou de méditation.
2. 5 minutes de visualisation (vous vous visualisez dans un contexte ou une situation agréable ou atteignant un objectif particulier).
3. 5 minutes d'affirmation (vous affirmez ce que vous souhaitez devenir), par exemple : « Je suis maintenant quelqu'un de profondément serein. »
4. 20 minutes d'exercices physiques.
5. 10 minutes de lecture d'un livre qui vous fait évoluer.
6. 10 minutes d'écriture (sur vous, vos émotions ou n'importe quel autre sujet).

Il est préconisé d'effectuer tout le programme avant le petit déjeuner et, si on manque de temps, de suivre un *miracle morning express* où chaque étape dure 1 minute.

Lisa's morning

Voici maintenant ce que nous appellerons (en toute simplicité et sans aucun narcissisme bien sûr !) le *Lisa's morning.*

JE COMMENCE PAR LES RECOMMANDATIONS GÉNÉRALES

- *Concernant l'horaire du lever*, si vous êtes du matin et que cela ne vous dérange pas de vous lever une heure plus tôt, faites donc. Si vous en avez la possibilité, au lieu de vous lever une heure plus tôt, décalez simplement le début de votre journée pour faire votre *Lisa's morning*. Si vous n'avez pas la possibilité de décaler votre journée ET que vous n'êtes pas du matin, réduisez la durée de la pratique pour pouvoir l'intégrer à votre routine matinale ou regardez si une organisation différente est envisageable dans votre foyer. Il ne faut en aucun cas que vous vous sentiez fatigué, la qualité de votre sommeil est primordiale !

- *Concernant le petit déjeuner*, il est totalement hors de question pour moi de faire quoi que ce soit avant mon petit déj et mon café. J'ai déjà essayé et jamais plus je ne le referai. Lorsqu'on part en retraite de méditation, souvent il y a une méditation à jeun de 7 heures à 8 h 30. Tout ce que je peux méditer à ce moment-là, c'est mon ventre qui gargouille, ma tête qui tourne et mon envie de dormir. Cela dit, je sais aussi que beaucoup de gens ne peuvent pas pratiquer un sport après un bon petit déj. La digestion prenant beaucoup d'énergie, ils se sentent trop mous et risquent même pour certains de vomir. À vous d'écouter votre corps et de décider à quel moment vous placez votre petit déjeuner (personnellement, j'ai intégré le petit déjeuner à mon *miracle morning*, je vous en reparle juste en dessous).
- *Pour l'enchaînement des étapes*, j'ai voulu voir si étaler le *miracle morning* dans la journée avait les mêmes effets. Par exemple, sport le matin, méditation l'aprèm, etc. Outre le fait qu'il y a quand même de gros risques pour qu'on zappe tout une fois qu'on est pris dans sa journée, j'ai été assez surprise de constater que cela n'avait pas du tout le même effet si le programme était morcelé. Il est donc important de pratiquer toutes les étapes les unes après les autres.
- *Enfin, pour le rituel à mettre en place avant de dormir*, je ne suis pas très adepte de la méthode Coué, mais pour ne pas critiquer sans essayer, j'ai tenté l'intention avant de dormir. Force est de constater que cela met dans un état d'esprit plutôt agréable ! Pour ma part, mon intention est « je vais passer une bonne nuit et demain je me réveillerai pleine d'énergie et apaisée ». Je ne vais pas vous dire que c'est le jackpot à chaque fois, mais cela ne prend que 10 secondes et ça ne coûte rien d'essayer !

VOICI MAINTENANT MON *LISA'S MORNING*.

1. Au réveil, je commence par un bon petit déj : café, protéines, pain complet, fruit, yaourt et, le week-end, des viennoiseries ! J'adapte en fonction de ma faim, mais boisson chaude, pain complet et protéines sont des indispensables. Pendant que je petit-déjeune, je lis un livre qui m'apaise (psychologie positive, bonheur, animaux, philo, bref tout ce qui engendre chez moi des états d'âme positifs). Je peux également écouter un bouquin sur une plateforme audio ou suivre un podcast qui m'intéresse. J'ai donc déjà pu en 30 minutes prendre mon petit déj (ce qui n'est pas inclus dans la VO du *miracle morning*) et faire l'étape lecture.

2. Ensuite je fais 20 minutes de sport et j'ai, là encore, une stratégie : si je suis en forme, je mets des vidéos de HIIT ou de HICT (séances de cardio/muscu avec des phases de 60 secondes d'efforts soutenus et 60 secondes de récupération), si je suis moyennement en forme, je choisis des exercices taille fine ou des abdos-fessiers et si je suis crevée, je fais une séance de yoga. En vacances vous pouvez évidemment rallonger vos séances de sport, profiter d'un cours si vous êtes dans un hôtel, aller courir, pratiquer l'équitation, etc.
3. Ensuite, j'enchaîne directement sur une méditation de 10 minutes que j'écoute grâce à des applis comme Meditopia ou Petit Bambou. Il y a souvent des programmes spéciaux intitulés « débuter sa journée » qui sont très bien.
4. Lorsque la méditation se finit, je fais le petit exercice de visualisation/intention pendant 5 minutes. L'idée est de se visualiser en train d'atteindre un objectif qu'on s'est fixé ou d'éprouver un état émotionnel qu'on aimerait ressentir.

Pendant une visualisation, notre cerveau déclenche des processus similaires à la réalisation de l'action dans la réalité. En gros, d'après les études scientifiques menées sur le sujet, il ne fait pas une grande différence entre une action réalisée mentalement et une action *in vivo*. C'est d'ailleurs le principe de ce qu'on appelle l'exposition en imagination en thérapie cognitive et comportementale : on expose d'abord les patients à une situation anxiogène en imagination avant de les y confronter en vrai. De cette manière, leur cerveau peut déclencher des processus d'habituation qui rendront ensuite la situation moins anxiogène dans la réalité.

Pour compléter votre étape de visualisation, vous pouvez vous amuser à faire un *vision board*. Il s'agit de prendre une grande feuille de papier et de peindre, dessiner, écrire, coller dessus ce qui compte pour vous, ce que vous aimez, ce que vous voulez réussir. Valeurs, besoins, objectifs, goûts, envies : vous y mettez tout ce qui vous inspire !

5. Dernière étape : l'écriture (que je suis présentement en train de faire !). Vous pouvez prendre 10 minutes pour poursuivre l'écriture d'un livre, d'un journal intime, vous pouvez écrire trois choses positives que vous avez aimées dans votre journée de la veille ou trois choses positives que vous aimez dans votre vie. L'idée ici étant moins d'écrire à tout prix que d'activer l'expression de soi, j'ai finalement élargi cette étape

à toute activité créative (peinture, dessin, chant, danse, poterie, etc.). Plusieurs études ont d'ailleurs montré les bénéfices de l'art-thérapie : « L'art-thérapie est centrée sur l'idée que la création artistique est souvent une forme de communication non verbale des pensées et des sentiments de chacun, impliquant un processus créatif qui favorise la guérison, la croissance personnelle, la connaissance de soi, l'amélioration de la qualité de vie et une pause temporaire face aux défis quotidiens de la vie » (Odeh *et al.*, 2022). Si aucune activité artistique ne vous inspire, remplacez-la par une activité plaisir comme jardiner ou vous occuper de vos animaux, mais en la pratiquant en pleine conscience !

Ne demandant pas de matériel ou d'équipement particulier, ces cinq étapes sont faciles à réaliser surtout quand vous êtes en vacances. De façon générale, la manière dont on débute sa journée influence notre état d'esprit et notre niveau d'énergie pendant tout le reste de la journée. Alors, pour que vos vacances partent sur de bonnes bases au quotidien, expérimentez l'ensemble de cette pratique dès votre lever. Faites-moi confiance, faites confiance à Hal Elrod !

CHAPITRE 9

Je voudrais un bain de nature, s'il vous plaît !

Depuis quelques années, on sent de plus en plus monter un besoin de nature. Régulièrement des ouvrages sont publiés qui démontrent les bénéfices, pour notre santé physique et psychique, d'un mode de vie moins urbain, moins pollué, moins stressant, plus près de la nature, plus en phase avec ses rythmes et ses éléments. Lors de la crise sanitaire liée à l'épidémie de Covid-19, en particulier pendant le premier confinement, une vraie différence a d'ailleurs été observée entre ceux qui ont passé ces deux mois à la campagne, à la montagne ou près de la mer et tous les autres qui se sont retrouvés coincés dans leur appartement en ville. Lorsqu'on interrogeait les premiers sur comment ils avaient traversé cet épisode, leur réponse était souvent : « J'ai eu de la chance... » Les études les plus sérieuses l'ont confirmé : à niveau d'isolement social égal, ceux qui ont pu rester en contact avec la nature s'en sont beaucoup mieux sortis sur le plan psychique que les autres. Tout cela pour vous dire qu'en vacances aussi (et surtout en vacances si vous êtes un citadin le reste du temps !), injecter une bonne dose de nature dans vos journées sera d'une aide précieuse pour vous permettre de vous ressourcer. Bienfaits garantis, comme nous allons le voir maintenant.

Nos potes les arbres

Au Japon, les bénéfices de la nature ont commencé à être davantage étudiés avec le développement des bains de forêt ou ***shinrin-yoku*** (cette pratique est d'ailleurs recommandée par le ministère de la Santé japonais depuis 1982). Ce qu'on appelle désormais la sylvothérapie mise, de la même façon, sur l'effet thérapeutique que procure la marche en forêt. On sait aujourd'hui que marcher vingt minutes au milieu des arbres entraîne une diminution du stress et un renforcement du système immunitaire. De façon plus précise, on a pu observer après plusieurs bains de forêt une diminution du rythme cardiaque, de la pression artérielle et du taux de cortisol (l'hormone du stress !). Sur le plan psychique, on constate, par ailleurs, une amélioration de l'humeur, de la gestion émotionnelle et de l'estime de soi, ainsi qu'une action notable sur les capacités de concentration, d'attention et sur le niveau de fatigue.

En 2004, le docteur Qing Li, médecin immunologiste au département d'hygiène et de santé publique à l'Université de médecine de Tokyo, créé un groupe de recherche sur la sylvothérapie et lance une étude scientifique subventionnée par le gouvernement sur les bénéfices des bains de forêt. Même si cette pratique existe depuis des millénaires au Japon, il n'existait jusque-là aucune donnée scientifique qui en confirme les bienfaits. Grâce au docteur Qing Li, on a ainsi pu découvrir que les phytoncides, des molécules émises par les arbres, renforcent significativement le système immunitaire après trois jours et deux nuits passés en forêt. Et même que cette amélioration se maintient dans les trente jours qui suivent (Qing, 2018) ! Autre travail remarquable : celui de la chercheuse Samantha Dayawansa, de l'Université Toyama (2003), qui a établi que dans les forêts de conifères, l'alpha-pinène (une substance antibactérienne produite par les arbres) favorise la relaxation en réduisant la pression artérielle et en apaisant le rythme cardiaque.

Tout aussi impressionnants sont les résultats qui démontrent des effets thérapeutiques différents suivant les types d'arbres avec, par exemple, une baisse de la pression artérielle pour les hypertendus dans certaines forêts et une hausse de la pression artérielle pour les hypotendus dans d'autres.

Oui, mais je n'ai pas envie d'aller dormir dans une forêt, me direz-vous. Inutile ! Une simple marche d'une heure et demie a déjà des effets extrêmement positifs, y compris sur les états dépressifs dont elle diminue les ruminations mentales. Et si vous n'êtes pas déprimé, sachez qu'en forêt votre fameux cortex préfrontal, archisollicité le reste du temps (voir chapitre 7), va pouvoir baisser son niveau d'activité et se détendre (Bratman *et al.*, 2015). Après quatre-vingt-dix minutes de respiration de phytoncides, votre cerveau et votre corps vous remercieront, croyez-moi.

Précision, pour ceux qui seraient tentés, qu'il ne s'agit évidemment pas de vous balader pendant une heure et demie, portable à la main en faisant des selfies avec Momo l'arbre centenaire ou un *live* Insta pour montrer que vous êtes quelqu'un de *megagreen*. Pour retirer tous les bénéfices que peuvent vous apporter les arbres, il est INDISPENSABLE de faire cette balade en pleine conscience !

Méditer en forêt

- Écoutez tous les bruits de la forêt.
- Regardez les couleurs en détail, les formes, les différences de lumière.
- Sentez et respirez profondément à chacun de vos pas.
- Portez votre attention sur les différentes odeurs, imaginez les molécules bienfaisantes des arbres qui entrent dans vos poumons. Vous pouvez également vous asseoir sous un arbre et prendre un moment pour vous centrer sur votre respiration. Sur l'air qui entre dans votre nez et passe dans votre gorge à chaque inspiration.
- Touchez un arbre, les feuilles. Si vous le pouvez, allongez-vous sur le sol ou marchez pieds nus.

- Ressentez si possible la gratitude de pouvoir observer et profiter de tels paysages naturels. Comme si à chaque inspiration la nature vous apportait de plus en plus de sérénité.

Si vous voulez installer cette pratique dans votre quotidien, l'ancien forestier Vincent Karche, qui a beaucoup étudié les forêts et le système de communication entre les arbres, propose dans son livre *Les 12 sagesses des arbres* (2017) d'autres techniques de méditation et de respiration en forêt pour apprendre à se réancrer dans son propre tempo.

Voyage dans le grand bleu

La forêt n'est pas le seul environnement naturel qui soit bon pour la santé. En réalité, quel que soit le type de nature qui vous entoure, il vous procurera son lot de bénéfices. La mer, par exemple, est également une merveilleuse thérapeute. Le succès des thalassothérapies en est témoin. Près des côtes, l'air est enrichi en oxygène et présente une pression atmosphérique qui facilite l'absorption des ions négatifs. Ce qui a pour effet de réduire la douleur et le stress et d'augmenter notre niveau d'iode. Il est impressionnant d'ailleurs de voir le nombre de personnes qui se projettent à la plage quand on leur demande de visualiser un lieu qui représente l'apaisement et la sérénité !

La mer ou la plage possèdent en effet de nombreux points d'ancrage et d'apaisement : « Il est salutaire de revenir sur sa plage. On y arrête la dispersion. On y retrouve le temps indispensable pour réfléchir à soi et à sa vie » (Cianni, 2016).

Si vos vacances se déroulent au bord de la mer, voici une méditation que vous pouvez effectuer pour profiter au maximum de tous les bienfaits de l'environnement marin.

Méditer au bord de la mer

• Installez-vous sur le sable ou sur un transat si le sable est trop inconfortable pour vous. Mettez-vous en position assise et commencez simplement par prendre conscience de votre respiration. Observez l'air frais qui entre dans les narines et qui ressort plus chaud. Votre ventre qui se gonfle, et qui se dégonfle. Les poumons qui se remplissent de l'air marin régénérant.

• Prenez un moment pour prendre conscience des odeurs qui vous entourent, les odeurs de la plage, du sable, de la crème solaire, de la mer, à chaque respiration.

• Ancrez-vous un peu plus dans l'instant présent là où vous êtes juste maintenant, dans ce moment que vous vous offrez.

• Élargissez ensuite votre attention à l'ensemble de votre corps. Observez vos sensations, sans essayer de les modifier mais simplement en les observant.

• Concentrez-vous sur l'ancrage des pieds dans le sable, remontez dans vos mollets, vos tibias, vos genoux et vos cuisses ; observez les sensations de l'assise bien ancrée dans le sol.

• Puis poursuivez dans votre dos, tout le long de votre colonne vertébrale, redescendez dans vos épaules, vos bras et vos avant-bras. Observez là où vos mains reposent. Portez votre attention sur les sensations, dans votre ventre, votre estomac, votre poitrine, remontez dans le cou, dans la gorge dans la tête, observez les sensations de votre visage.

• Peut-être sentez-vous le soleil, peut-être y a-t-il un peu de vent. Ressentez la température ambiante. Prenez un moment pour toucher le sable. Sentez les grains sous vos doigts, observez les sensations. Plongez vos doigts dans le sable et observez.

• Écoutez maintenant les bruits qui vous entourent. Le bruit de la mer, du vent, peut-être des gens ou, au contraire, du silence. Laissez les sons venir à vos oreilles, proches de vous ou provenant du large.

• Ouvrez doucement les yeux et observez ce qui vous entoure. Observez les vagues, leurs mouvements qui sont comme des émotions prenant de l'ampleur et s'apaisant.

• Ressentez que vous faites partie d'un tout, ancré dans le sable et respirant l'air thérapeutique offert par la mer.

• Ressentez si possible la gratitude de pouvoir observer et profiter de tels paysages naturels. Comme si à chaque inspiration la nature vous apportait de plus en plus de sérénité.

↪ *Écoutez le fichier audio correspondant. Vous trouverez les modalités d'accès en fin d'ouvrage, p. 213.*

Un air de campagne...

La campagne est un autre environnement merveilleux pour se connecter à la nature. Regarder le paysage qui s'étend à perte de vue, les champs de colza d'un jaune éclatant, les étendues de vert, peut procurer un sentiment profond de sérénité, voire de liberté. La campagne appelle la profondeur de respiration. Les bruits de la nature comme le murmure des cours d'eau, le vent dans les arbres, le chant des insectes sont des sources d'ancrage infini. Écouter les oiseaux, en particulier, permet d'apaiser son niveau de stress et d'augmenter sa capacité attentionnelle (Ratcliffe *et al.*, 2013). Quant au fait de marcher pieds nus dans l'herbe, cela induit au bout de quatre-vingt-dix minutes des effets positifs notables tant sur le plan physiologique que psychologique.

Vous ne serez donc pas étonné d'apprendre que le jardinage aussi possède des vertus thérapeutiques. En 2022, une étude a ainsi voulu comparer les effets psychologiques et physiologiques du jardinage et d'une activité artistique. Les participantes, toutes des femmes en bonne santé, ont été divisées en deux groupes et ont suivi, pendant quatre semaines, à raison de deux séances par semaine, un programme de jardinage pour les unes et d'art-thérapie pour les autres.

Les membres du groupe art-thérapie ont pu expérimenter différentes activités comme fabriquer du papier, faire de la décalcomanie, du dessin, créer une BD, s'initier à la gravure, à la teinture artisanale à la cire (*wax*) et au *scrapbooking*. Ceux du groupe jardinage ont appris à planter des graines, faire du bouturage, reproduire des succulentes, diviser des plants ; ils ont participé à un atelier sensoriel autour des plantes aromatiques et à un atelier pour commencer un potager ou un micropotager ; ils ont aussi replanté en pleine terre de jeunes pousses et dégusté en pleine conscience différents fruits et légumes.

Les femmes du groupe jardinage ont reçu un exemplaire du *Florida Gardener's Handbook* (MacCubbin *et al.*, 2012) qui fournit des informations générales sur les plantes et le matériel nécessaire pour jardiner. Celles du groupe d'art-thérapie ont reçu, quant à elles, le *Manuel de l'artiste* (Smith, 1996), qui passe en revue les outils, le matériel et les techniques utiles pour pratiquer une activité artistique. Le but, en offrant ces deux guides, était de compléter l'enseignement fourni pendant les séances.

Après les quatre semaines de « traitement », des améliorations significatives ont pu être observées dans les deux groupes. Si cette étude n'a pas montré de différences de bénéfices entre l'art-thérapie et le jardinage, les chercheurs suggèrent néanmoins qu'au vu des résultats, en testant sur un nombre plus important de participants, le jardinage aurait probablement induit des effets thérapeutiques supérieurs. Quoi qu'il en soit, compte tenu de son action sur la pression artérielle, le rythme cardiaque, le niveau de fatigue, le degré d'anxiété, de tristesse ou de colère et la capacité à entrer en relation avec les autres, il est certain que le jardinage améliore ou renforce l'état de santé et la satisfaction générale.

Si vos vacances se déroulent à la campagne, en plus du jardinage, n'hésitez pas non plus à pratiquer la méditation suivante.

Méditer à la campagne

- Installez-vous dans l'herbe. Mettez-vous en position assise, le dos bien droit. Paume des mains vers le ciel.
- Portez votre attention sur votre respiration. Sur l'air qui entre et qui sort de vos narines vos poumons qui se gonflent et qui se dégonflent.

Le ventre qui se soulève et qui s'affaisse, respiration après respiration, vous ancrant un peu plus dans l'instant présent.

• Accueillez les sensations dans l'ensemble de votre corps. Mais en particulier sur l'ancrage dans le sol. Déposez maintenant vos mains sur la terre et, si c'est confortable pour vous, essayez de méditer les mains en contact avec la terre.

• À chaque respiration, sentez l'odeur de la campagne : les fleurs, les arbres, l'herbe, le foin, toute la nature qui vous entoure. À chaque respiration emplissez-vous de ces odeurs. Comme si vous intégriez la nature à l'intérieur de vous. Comme si à chaque respiration, vous faisiez de plus en plus partie de ce tout.

• Portez votre attention sur les sons qui vous entourent. Les sons des oiseaux, des animaux, le vent. Peut-être un tracteur un peu plus loin. Accueillez tous les sons. Sans les juger. Sans essayer de les analyser. Simplement en vous laissant porter par ce bain sonore.

• Ouvrez les yeux. Observez les couleurs autour de vous, les formes, la lumière, les ombres. Ressentez si possible la gratitude de pouvoir observer et profiter de tels paysages naturels. Comme si à chaque inspiration la nature vous apportait de plus en plus de sérénité.

↪ *Écoutez le fichier audio correspondant. Vous trouverez les modalités d'accès en fin d'ouvrage, p. 213*

La puissance des montagnes

La montagne possède aussi son pouvoir ressourçant. Dans le protocole MBSR (*mindfulness-based stress reduction*), Jon Kabat-Zinn, le créateur de la méthode, propose une méditation autour du symbolisme de la montagne (Kabat-Zinn, 2012). Le psychiatre François Lelord note, quant à lui, à la leçon numéro 6 du *Voyage d'Hector* (2002) : « Le bonheur c'est une bonne marche au milieu de belles montagnes inconnues. » Mais quoi de plus merveilleux que pratiquer la méditation suivante devant une vraie montagne !

Méditer à la montagne

- Installez-vous face à une montagne. Idéalement, et s'il ne fait pas trop froid, mettez-vous dehors. Prenez un moment pour fermer les yeux et prendre conscience de votre respiration minute après minute. À chaque respiration, ancrez-vous davantage dans cet instant que vous vous offrez face à la majestuosité du paysage.
- Portez votre attention sur les sensations dans votre corps. Le positionnement de votre corps. L'ancrage des pieds dans le sol. L'assise. Solide. Et respiration après respiration, ancrez-vous davantage dans l'instant présent. Posez vos mains sur le sol. Ressentez la terre qui vous porte.
- Puis, à votre prochaine inspiration, portez votre attention sur les odeurs qui vous entourent.
- Les odeurs de la nature autour de vous si vous êtes en été ou au printemps. Les odeurs de la neige si vous êtes en hiver. Les odeurs à proximité. Et les odeurs un peu plus loin. À chaque inspiration imaginez que chacune des odeurs qui vous entourent se sépare des autres.
- Vous allez maintenant porter votre attention vers les sons. Si vous êtes en hiver, observez les bruits étouffés par la neige. Si vous êtes au printemps ou en été, peut-être y a-t-il des bruits d'animaux autour de vous ? Ou peut-être est-ce le silence paisible de la montagne ? Accueillez simplement tout cet environnement sonore sans trier, sans rejeter aucun son, simplement en les observant.
- Et puis vous allez maintenant ouvrir les yeux et observer cette montagne juste en face de vous. Observez sa large base ancrée dans le sol, ses flancs peuvent être recouverts de verdure ou de neige. Sa cime pointue, plate ou plutôt ronde. Observez la majestuosité de cette montagne et surtout son ancrage bien solide dans le sol. Cette montagne qui observe simplement tout ce qui se déroule à sa surface sans que cela ne change profondément son équilibre intérieur. Regardez cette montagne et voyez si vous pouvez vous identifier à elle jusqu'à presque fusionner avec elle. Votre assise représentant sa large base ancrée dans le sol. Vos bras, ses flancs et votre tête, sa cime. Et respiration après respiration, voyez si vous pouvez ressentir cette imperturbable stabilité.

• Quelles que soient les saisons, que les gens viennent la voir ou non, qu'il y ait de la neige ou non. Qu'il y ait du soleil ou non. La montagne reste stable, imperturbable. Ancrée. Prenez le temps que vous souhaitez pour respirer en face de cette montagne et ressentir sa sérénité.
• Ressentez si possible la gratitude de pouvoir observer et profiter de tels paysages naturels. Comme si à chaque inspiration la nature vous apportait de plus en plus de sérénité.

↪ *Écoutez le fichier audio correspondant. Vous trouverez les modalités d'accès en fin d'ouvrage, p. 213.*

Bienvenue à stress city

Si la nature possède de nombreux bienfaits pour aider au renouvellement de nos ressources physiques et psychiques, les environnements urbains, à l'inverse, ont toute sorte d'effets néfastes, aussi alarmants que bien documentés. On sait aujourd'hui, par exemple, qu'être entouré en permanence d'immeubles et de routes, bref de bitume, active les zones cérébrales associées à l'anxiété (Peen *et al.*, 2010). Dans le même ordre d'idées, la chercheuse danoise Kristine Engemann (Engemann *et al.*, 2018) a montré que moins nous avons été au contact de la nature entre notre naissance et l'âge de 10 ans et plus notre risque de développer une maladie mentale à l'adolescence ou à l'âge adulte augmente ; pour les moins exposés, il est carrément supérieur de 55 % ! Vous avez besoin d'autres preuves ? L'équipe du chercheur barcelonais Jordy Sunyer (Sunyer *et al.*, 2019) a établi que les enfants qui n'ont pas eu la chance de grandir au milieu d'espaces verts présentent un volume moins important de matière grise au niveau du cortex préfrontal. Ce qui, donc, confirme l'hypothèse de l'amélioration des fonctions cognitives et exécutives (notamment déficientes chez les personnes souffrant de TDAH) lorsqu'on vit près de la nature et, à l'inverse, l'aggravation de ces déficiences en milieu urbain.

Notre environnement de vie est donc extrêmement important : « Les lieux comportent des caractéristiques qui en elles-mêmes ont une influence sur nos états mentaux » (André, Jollien, Ricard, 2019).

Et ça ne s'arrête pas là ! Il semblerait même que le simple fait de regarder des images représentant des lieux urbains ait une incidence négative sur notre cerveau et suffise à stimuler notre amygdale dont on connaît l'implication dès qu'il s'agit de prédire un danger ou de répondre à une menace. Bonjour le stress ! Sans surprise, si vous contemplez des paysages naturels, c'est l'inverse qui se produit : ce sont les zones associées à la stabilité émotionnelle, l'altruisme et l'empathie, à savoir le cortex cingulaire et l'insula, qui voient leur activité augmenter (André, Jollien, Ricard, 2019). CQFD !

Bon, je n'insiste pas plus ; vous avez compris pourquoi renouer avec la nature pendant vos vacances est une question presque vitale pour la restauration de vos ressources. Les études convergent sur une durée minimale d'exposition de quatre-vingt-dix minutes pour en ressentir les bienfaits, mais il vaut mieux faire trente minutes de marche dans la nature que rien du tout, parce que vous avez la flemme d'y consacrer une heure et demie ! J'anticipe un peu, mais, à votre retour de vacances aussi, il faudra veiller à ajouter un peu de nature dans votre quotidien si vous voulez préserver vos ressources (je vous en reparle dans la quatrième partie). Le constat de ce besoin ne date d'ailleurs pas d'hier, puisqu'il est présent dans des traditions millénaires comme le shintoïsme... : « Le shintoïsme [...] nous invite à oublier pour un temps tous nos discours sur le sens des choses pour aller ressentir l'essence de la vie avec notre corps et notre cœur directement auprès de la nature » (Chauvat, 2019).

CHAPITRE 10

Les vertus du silence et de l'ennui

De nombreuses cultures prônent les vertus du silence. Mais nos sociétés occidentales où nos vies modernes, surtout en milieu urbain, sont soumises en permanence à une quantité phénoménale de nuisances sonores nous contraignent à vivre dans un bruit permanent : voitures, klaxons, sonneries diverses et variées, alarmes, explosions de voix, personnes qui parlent au téléphone dans la rue. Certains d'entre nous sont même devenus si profondément angoissés par le silence qu'à peine rentrés à la maison, ils allument la télé ou mettent de la musique pour réenclencher un fond sonore. Or notre cerveau auditif, lui aussi, a besoin de pouvoir se mettre en pause et de cesser de traiter toutes ces informations sonores qui l'épuisent. Pendant vos vacances, pensez donc à lui donner cette nourriture qui lui manque le reste du temps : du silence ! Et ajoutez-y un peu d'ennui pour le détendre tout à fait.

On se détend de l'écoutille

Tout le monde n'aime pas le silence. Pour certains, affronter le silence revient, plus ou moins consciemment, à se retrouver face à soi-même, confronté à ses pensées et à ses émotions, voire à une sensation de vide. Il n'est jamais anodin d'éviter à tout prix le silence.

Qu'en est-il pour vous ?

- Est-ce que quand vous vous retrouvez dans le silence, vous ressentez un relâchement ou, au contraire, un malaise ?
- Lorsque vous cuisinez ou pratiquez une activité, est-ce que vous mettez systématiquement de la musique ?
- Avez-vous souvent des écouteurs dans les oreilles ?
- Quel est votre rapport au silence ?
- Avez-vous besoin de mettre un fond sonore dès que vous êtes seul ?

Le silence réserve pourtant une mine de bienfaits. Il permet de se recentrer, de faire une pause sensorielle. Les personnes hypersensibles émotionnelles et/ou sensorielles considèrent d'ailleurs souvent ces pauses comme indispensables à leur équilibre. Leur seuil de tolérance aux stimulations sensorielles et émotionnelles étant beaucoup plus vite atteint, elles ont besoin de pouvoir se restructurer dans le silence.

Être dans le silence ne signifie pas être dans le vide absolu ! Ce qui, pour un temps, doit être mis à distance, ce sont les bruits urbains et les interactions sociales. Les bruits de la nature sont les bienvenus et vous pouvez vous adonner à n'importe quelle activité créative ou relaxante (vous pouvez aussi décider d'être juste présent au moment).

Le silence est d'ailleurs pour beaucoup d'artistes nécessaire à toute création : « L'intelligence véritable agit dans le silence, le calme est l'espace de la créativité et des solutions » (Tolle, 2003.)

Le silence est tellement ressourçant que les centres de thalassothérapie ont développé un soin spécifique : les caissons d'isolation sensorielle. Dans un bain rempli d'un mélange spécial de sels, vous flottez dans le noir, isolé de tout son et de toute odeur. Évidemment claustrophobes s'abstenir !

L'exposition constante aux bruits n'est pas seulement délétère pour notre équilibre psychologique, elle l'est également pour notre santé physique. L'Agence européenne pour la santé a établi que l'exposition à des bruits élevés et répétés, en particulier au voisinage d'autoroutes et d'aéroports, entraîne une augmentation de la mortalité, avec une dépression du système immunitaire et des maladies cardio-vasculaires. Soumis à des nuisances sonores puissantes, notre système nerveux s'épuise, notre cerveau ne peut plus récupérer. Évidemment, je ne dis pas non plus qu'il faut vivre dans un caisson de privation sensorielle. Le chercheur en neurosciences Michel Le Van Quyen (2022) précise d'ailleurs que ce qui est finalement le plus profitable pour le cerveau est l'alternance de phases de bruit et de silence. Encore faut-il que ces bruits ne soient pas des déclencheurs de stress...

Pendant vos vacances, autorisez-vous au moins une heure de silence par jour. Pendant cette heure, marchez, méditez, faites une activité relaxante ou simplement ne faites rien. N'hésitez pas si vous êtes dans un environnement sonore où il est difficile de vous relaxer à mettre des boules Quies. Ou à demander à votre entourage de ne pas vous parler pendant une heure...

Apprendre à s'ennuyer un peu pour ne plus jamais s'ennuyer !

Notre société actuelle valorise l'activité intensive, la rapidité, l'immédiateté. Notre tolérance à la frustration est de plus en plus faible. Je me souviens d'une patiente qui angoissait fortement à l'approche des vacances. Elle me disait souvent : « Qu'est-ce que je vais faire de tout ce temps libre ? » Elle était paniquée. Une autre avait besoin de prévoir son week-end à la minute près en enchaînant les activités pour elle et ses enfants « de peur qu'ils s'ennuient ».

Tout comme pour le silence, la peur de l'ennui masque généralement la peur de se retrouver seul avec soi-même et de devoir faire face à ce qu'il y a en soi. Souvent les gens qui supportent mal l'ennui ou le silence sont des personnes qui ont tendance à l'évitement émotionnel. Elles ont du mal à ressentir des émotions désagréables. Elles peuvent se dire que si elles s'autorisent à toucher un peu de leur intériorité, à exprimer leurs émotions au lieu de les réprimer, elles vont s'écrouler.

En réalité, l'ennui est très bon pour la créativité. Le cerveau a besoin de retrouver un peu de vide pour relancer son pouvoir créatif. Beaucoup d'études, en particulier sur le développement de la créativité chez les enfants, ont d'ailleurs démontré les bienfaits de l'ennui. Pourquoi ? Parce que, dans les faits, une fois que votre cerveau a appris à s'ennuyer, il ne s'ennuie plus jamais puisqu'il déclenche des torrents d'idées !

Ce qu'on observe malheureusement de plus en plus aujourd'hui, ce sont les ravages de l'hyperconnexion : Je m'ennuie ⟹ je prends mon portable pour jouer ou « scroller mon *feed* Insta » (si vous n'avez rien compris à ma dernière phrase entre guillemets, c'est une très bonne nouvelle pour vous !) ⟹ je ne m'ennuie plus.

Bref, adieu créativité, rêverie, attention flottante et bonjour surstimulation cérébrale permanente : « Être aujourd'hui, c'est être actif, voire suractif. Pour une humanité vouée à une production et une consommation frénétiques, la suractivité s'est faite norme et dogme. [...] Elle donne son format au temps, à l'espace, au corps, à l'esprit, au désir. [...] Je m'excite donc je suis » (Cianni, 2016).

Pendant vos vacances apprenez donc à vous ennuyer. Asseyez-vous ou allongez-vous quelque part et laissez simplement votre attention flotter. Détendez-vous du neurone !

Utiliser le silence et l'ennui pour cultiver la bienveillance et la gratitude

Se retrouver en tête à tête avec soi-même peut être une magnifique occasion de cultiver la bienveillance et la gratitude.

La bienveillance est le fait de souhaiter du bien... aux autres, mais aussi à soi-même. Il est rare que les patients qui viennent me voir en consultation ressentent de la bienveillance vis-à-vis d'eux-mêmes. Pour pouvoir l'éprouver, il faut d'abord qu'ils apprennent ou réapprennent à s'aimer. Malgré leurs défauts et leurs imperfections. Qu'ils apprennent à se pardonner leurs erreurs et à accepter les moments qui n'ont pas comblé leurs attentes, ce que certains appellent « échecs » et que moi je nomme juste « expériences désagréables mais constructives ». L'autobienveillance n'est pas de la complaisance, elle consiste simplement à « ne pas ajouter une guerre intérieure aux difficultés extérieures » pour reprendre la jolie formule de Christophe André (André, Jollien, Ricard, 2019). La gratitude est un peu différente, elle consiste à ressentir de la reconnaissance pour une expérience vécue. On peut ressentir de la gratitude pour avoir la chance d'être dans un super environnement, envers quelqu'un qui nous a aidé ou dit des paroles réconfortantes, envers le simple fait d'être en vie. Il y a de multiples occasions de ressentir de la gratitude.

En fait, pour moi, bienveillance et gratitude sont deux formes d'amour. Amour de soi malgré ses imperfections, amour de l'autre en dépit de ses failles ou de ses erreurs. Les ressentir pour quelqu'un ou dans une situation donnée entraîne comme un élan d'amour. Comme quelque chose de chaud à l'intérieur qui ne demande qu'à s'épandre. Cela vous paraît un peu niais et « cucul la praline », trop Bisounours ? Ces considérations n'en sont pas moins étudiées, et leurs bienfaits démontrés : « Les données scientifiques rassemblées au cours des deux dernières décennies ont montré comment l'amour, ou son absence, modifie fondamentalement notre physiologie et régulation d'un ensemble de substances chimiques, substances qui peuvent même influencer la façon dont nos gènes s'expriment au sein de nos cellules. Cet ensemble d'interactions complexes affecte profondément notre santé physique, notre vitalité et notre bien-être » (Frederickson, 2017).

Il existe beaucoup d'exercices (et d'ouvrages !) pour cultiver sa bienveillance et sa gratitude. Pour la bienveillance, je me permets de vous renvoyer aux méditations de la bienveillance proposées dans le livre audio de Fabrice Midal (2013) ou simplement de taper

« méditation de l'amour bienveillant » sur Internet et d'aller chercher les méditations gratuites proposées notamment par Christophe André ou par Matthieu Ricard.

Concernant la gratitude, il est deux exercices qui, d'après mon expérience, sont particulièrement intéressants. Le premier, dont il existe de multiples déclinaisons, popularisé notamment par Florence Servan-Schreiber (Servan-Schreiber, 2011), est celui des « trois choses positives par jour ». À la fin de la journée, vous identifiez trois éléments positifs de votre journée et vous prenez le temps de ressentir la joie et la gratitude de les avoir vécus. Ce peut être un petit moment agréable comme un café au soleil, le sourire de quelqu'un dans la rue, un moment partagé avec l'un de vos enfants ou vos animaux, un sentiment de fierté par rapport à quelque chose que vous avez fait. C'est un exercice simple, mais très puissant pour renforcer les réseaux de pensées positives. Je l'utilise également dans mes thérapies de couple. Je demande à chaque partenaire de se dire chaque jour, avant de dormir, trois choses qu'il aime ou qu'il a appréciées chez l'autre. Le deuxième exercice que j'affectionne est celui de la « douche de gratitude » (Lehmann, 2018). Il consiste à lister, pendant votre douche, trois à dix choses qui se sont produites depuis votre dernière douche et pour lesquelles vous éprouvez un sentiment de reconnaissance (en admettant que vous vous laviez bien tous les jours !).

La bienveillance et la gratitude sont deux dispositions qui se nourrissent avec une pratique régulière. Elles se renforcent, grandissent et s'installent durablement si on leur consacre suffisamment de temps pour se développer. Cela étant, elles possèdent aussi quelques ennemis qu'il vaut mieux connaître. Par exemple, la jalousie, le ressentiment ou le désir de vengeance, qui sont des sentiments toxiques pour notre équilibre de vie. La colère peut parfois venir s'ajouter à la liste. Non pas qu'elle soit en elle-même une émotion problème, il est même plutôt sain d'apprendre à ressentir la colère. Là où elle peut devenir délétère, c'est dans son expression et sa durée. Si vous êtes en colère et que vous parvenez à l'exprimer de façon saine, tout va bien. Si vous êtes en colère et que vous cassez tout chez vous, frapper les autres ou vous-même, devenez extrêmement agressif et blessant, tout ne va plus bien.

Tout comme la culpabilité (voir chapitre 4), la colère est pour moi une émotion signal : je ressens de la colère = quelque chose ne va pas, ne correspond pas à mes valeurs ou mes besoins. Mais, une fois qu'on a identifié ce quelque chose, il n'est plus utile de continuer de la ressentir. Soit on ne peut rien faire, car cela ne dépend pas de nous et tout le travail est d'accepter ce qu'on ne peut pas changer (donc d'accepter sa frustration et son impuissance) ; soit on propose une solution pour agir et pour changer la situation.

La bienveillance, la gratitude, la compassion et l'empathie sont pour moi des éléments de la pensée altruiste. La pensée altruiste étant elle-même un bon remède contre la colère et le ressentiment : « L'entraînement à la pensée altruiste est une protection durable contre l'animosité et l'agressivité chronique » (Ricard, 2003).

Thich Nhat Hanh, moine bouddhiste et auteur de nombreux ouvrages, introduit également la notion de compréhension dans la compassion. Ressentir de la compassion face à quelqu'un qui nous a fait du mal est particulièrement difficile. Tout le monde n'a pas la sagesse d'un moine bouddhiste ! Cependant, percevoir l'autre comme un humain en souffrance qui se débat avec sa propre vie peut parfois aider à apaiser son ressentiment. Évidemment, ressentir de la compassion pour quelqu'un qui nous blesse ne veut pas dire se soumettre, abandonner ni même pardonner. Se pardonner à soi-même ou pardonner à l'autre est l'étape ultime, en sachant bien que pardonner ne libère pas l'autre, mais nous libère, nous, de nos émotions toxiques. « La compréhension est la substance avec laquelle se fabrique la compassion. Mais je m'explique sur le terme compréhension. Pour moi, il signifie prendre conscience que l'autre est, comme moi, soumis à la souffrance. Lorsque quelqu'un souffre, il a en effet tendance à croire qu'il est victime des autres, qu'il est le seul à souffrir » (Thich Nhat Hanh, 2003).

Bon, euh, elle est mignonne, mais moi j'ai acheté ce livre pour ne plus être fatigué, elle me donne le tournis avec sa philosophie du pays des licornes.

Mais, JUSTEMENT, car en faisant preuve de bienveillance, de gratitude, de compréhension et d'empathie vous allez économiser des ressources émotionnelles ponctionnées par la colère, la jalousie et le ressentiment. Donc plus vous allez entraîner votre cerveau vers ces chemins neuronaux, plus vous allez déclencher des neuro-transmetteurs trop cool qui vont vous apaiser.

Les vacances seront donc le meilleur moment pour commencer à pratiquer !

CHAPITRE 11

Passer ses vacances chez soi

Passer ses vacances chez soi ne change rien aux règles que vous devez appliquer si vous voulez vous ressourcer pendant ces quelques jours que vous vous accordez. Les chapitres précédents vous concernent donc également (voir aussi la fiche récap 3, en fin de partie, pour un résumé de l'enchaînement des différentes étapes). Vous allez toutefois, dans ce cas spécifique, y ajouter deux éléments essentiels : une pause routine et un rangement complet de votre espace intérieur.

Changer ses habitudes, sortir de la routine

Si vous restez à la maison pendant vos vacances, il est indispensable de vous dépayser, de changer l'organisation habituelle de vos journées, de vivre au rythme de vos besoins au lieu de suivre celui qui vous est imposé le reste du temps. Ces changements de routine peuvent concerner tous les domaines. Par exemple, votre alimentation. Si vous prenez tous les matins un café avec un croissant, variez pendant vos vacances en privilégiant les fruits, le salé ou les céréales. Profitez-en pour tester ce que vous n'avez pas l'habitude de manger. Pendant vos temps morts, au lieu de prendre votre téléphone portable, ouvrez un livre, faites de la méditation, dessinez, peignez, jouez à des jeux en réel (non, pas sur écran !). Si vous avez des enfants, emmenez-les dans des lieux qu'ils ne connaissent pas, expérimentez. Achetez un guide touristique de la ville ou la région dans laquelle vous vivez et découvrez-la comme si vous n'y habitiez pas. Dans votre sexualité aussi, changez les positions et essayez de nouvelles pratiques.

Bref, donnez un bol d'air à votre cerveau ! Offrez-lui de la nouveauté, ce sera comme un bain de jouvence pour lui. Faites-le sécréter des endorphines et relancez votre motivation et votre créativité : « Nul besoin de tout plaquer pour aller faire le tour du monde ou de chercher les endroits les plus beaux près de chez nous, ce qui importe, c'est de passer du temps dans des endroits nouveaux pour permettre l'émergence de nouvelles pensées dans notre esprit » (Chauvat, 2019).

Les habitudes répétitives font que notre cerveau n'a pas besoin de prêter une attention particulière à ce qu'il est en train de faire. Ne vous est-il pas arrivé en sortant du travail de faire machinalement le trajet jusque chez vous alors qu'en réalité vous aviez un dîner à l'opposé ? La routine peut aussi être dangereuse si vous avez tendance à la rumination mentale, car elle laisse tout loisir à votre cerveau de passer en mode automatique (à ne pas confondre avec l'attention flottante qui, elle, est propice à la détente et à la créativité !). En revanche, la nouveauté est toujours une bonne stratégie pour revenir à l'instant présent et réancrer son attention. L'ancrage dans l'instant présent, l'un des principes de la méditation de pleine conscience, est une sorte de « musculation » des réseaux cérébraux responsables de l'attention. Et c'est une magnifique façon d'expérimenter la vie en observateur attentif aux mille nouveautés qui s'offrent en permanence à nos yeux : « Vivre au présent, vivre le présent ne sera jamais rien d'autre que retrouver, à la source du temps, la liberté d'être. Le temps où notre pensée, notre désir et notre action se mettent sur la même ligne pour ne plus faire qu'un » (Cianni, 2016).

Prendre soin de son espace de vie, c'est prendre soin de soi !

Rester chez soi pendant ses vacances est une merveilleuse occasion de repenser un peu son espace intérieur. Consacrez-y du temps. Vous sentir bien dans votre lieu de vie est un des éléments qui vous permettra de conserver plus longtemps les ressources que vous aurez emmagasinées pendant vos quelques jours de pause. À l'inverse, rentrer tous les soirs dans un espace encombré/poussiéreux/ qui transpire la confusion ne fera que vous ajouter de la tension intérieure. À bannir, donc, vu le programme que nous essayons de mettre en place ensemble !

L'importance de l'aménagement de sa maison est loin d'être une découverte. En témoignent la culture asiatique et son culte du *feng shui*. Pour les Japonais, un intérieur sale et en désordre est un réservoir à mauvaises énergies ; son potentiel toxique est considérable puisqu'il peut rendre malade physiquement, en empêchant de bien respirer ou digérer par exemple, ou psychiquement, en favorisant notamment l'agressivité ou la dépression (Chauvat, 2019).

On répète souvent que l'état de notre maison reflète l'état de notre cerveau. Je suis assez d'accord. Lorsqu'on se sent épuisé, débordé ou déprimé, on a souvent tendance à négliger son chez-soi. Comment pourrait-on prendre soin de son intérieur alors qu'on n'a déjà pas la force de prendre soin de sa personne ? On se dit : je m'en occuperai quand ça ira mieux. Et c'est là que se situe l'erreur. Car s'en occuper va justement entraîner votre mieux-être.

Cependant, pour les personnes qui souffrent d'un état dépressif majeur, il semble presque impossible de prendre soin de quoi que ce soit. Pour certains, le simple fait de prendre une douche ou ranger une assiette est du domaine de l'insurmontable. Dans ces cas-là, il est important de procéder par étapes, sans se mettre trop de pression. Par exemple, aujourd'hui j'essaie simplement de ranger un tiroir de ma commode, demain je lave simplement la vaisselle qui traîne dans l'évier, etc. On se fixe des mini-défis atteignables suivant son état psychique.

Pour ceux qui ne souffrent pas de dépression, il s'agit seulement de s'organiser et de trouver la méthode de rangement qui vous convient.

En ce qui me concerne, celle qui a radicalement changé ma façon de considérer mon lieu de vie s'appelle Marie Kondo. Aujourd'hui mondialement connue, cette Japonaise a mis au point une méthode qui propose de ranger toute sa maison en une seule fois (et pas petit à petit, quand on a un peu de temps ou d'énergie). Elle y voit une sorte de thérapie radicale qui agit en profondeur sur notre état d'esprit en bousculant nos émotions, notre façon de penser et nos habitudes quotidiennes (Kondo, 2011). Personnellement, ne pouvant pas poser trois semaines de congé pour tout ranger, j'ai adapté (oui, encore et ici aussi !) et fractionné par thèmes. Et les résultats étaient là !

Notre « consultante en rangement » considère que le fouillis extérieur nous détourne de notre fouillis intérieur et nous empêche de nous recentrer sur nous-même. Dit autrement, le désordre serait une sorte d'évitement émotionnel, et le rangement une façon de se confronter à soi-même (Kondo, 2016). Je trouve cette interprétation très intéressante et plutôt pertinente. Ce qui m'a également séduite dans la méthode de Marie Kondo, c'est le côté rangement par le vide. Elle propose de ne garder que les objets qui nous procurent un sentiment de joie, ainsi que ceux que nous utilisons dans notre vie de tous les jours. Par exemple, je ne suis pas sûre que ma fourchette me procure une grande joie, mais elle me permet de manger et je lui en suis reconnaissante. (Ressentir de la reconnaissance pour une fourchette ? Elle est sérieuse, la psy ? Oui je suis sérieuse. C'est quand même sympa de pas être obligé de manger des carbo avec ses doigts. Donc merci à celui qui a créé la fourchette !) En diminuant le volume de ses affaires, on peut donc davantage se concentrer sur ce qui est important et qui a du sens pour nous (Kondo, 2011).

Apprendre à trier et à se séparer de choses est loin d'être anodin psychiquement. Cela aide à gagner de la confiance en soi en obligeant à faire des choix rapides. Cela permet aussi de travailler sur son attachement au passé et sur sa peur de l'avenir (Kondo, 2018).

Mode Mary Poppins enclenché !

Je vous encourage évidemment à vous procurer les livres de Marie Kondo, mais si vous manquez de temps, voici un résumé de sa méthode.

Étape 1. Trier avant de ranger

1. Avant de commencer à jeter, visualisez votre but (vous pouvez même, si cela a du sens pour vous, le représenter dans votre *vision board*).
2. Explorez les motivations qui sous-tendent votre rangement.
3. Triez par catégorie d'objets, et non par pièce.
4. Rassemblez tous les objets qui entrent dans la même catégorie et rassemblez-les sur le sol au même endroit (cette phase est très importante car elle donne une idée du volume par catégorie).
5. Ne rangez pas avant d'avoir fini de jeter.
6. Traitez une catégorie d'objets à la fois.

Étape 2. Qu'est-ce que je garde et qu'est-ce que je jette (ou donne à une œuvre caritative) ?

- Jetez/donnez/recyclez/vendez/faites réparer tous les objets cassés.
- Pour chaque objet qui reste, demandez-vous s'il vous met en joie, c'est le meilleur critère. Ne gardez que les choses qui vous touchent et débarrassez-vous du reste.

Étape 3. Respecter scrupuleusement l'ordre de tri suivant

1. Vêtements

- Vérifiez tous les placards, penderies et tiroirs de votre logement, puis rassemblez en un endroit précis tous les vêtements trouvés.
- Commencez par les vêtements hors saison : n'étant pas nécessaires en ce moment, il sera plus facile de savoir s'ils vous apportent de la joie.

• Prenez chaque vêtement dans vos mains pour ressentir la présence ou l'absence de joie.

2. Livres

Mettez tous vos livres à même le sol et demandez-vous chaque fois si tel livre vous apporte de la joie.

3. Papiers

Jetez tous les papiers qui n'entrent pas dans l'une de ces trois catégories : en cours d'utilisation ; à utilité limitée dans le temps ; à garder indéfiniment (documents administratifs).

4. Objets divers

Même procédé pour toutes les catégories d'objets ! Mais là vous pouvez aussi ajouter à la joie, l'utilité réelle (la fameuse fourchette).

- CD/DVD.
- Produits de beauté ou d'hygiène/médicaments.
- Accessoires/bijoux.
- Objets de valeur (passeport, etc.).
- Appareils électroménagers, électriques, équipement ménager.
- Ustensiles de cuisine.
- Organisation des « périssables ».

Les objets suivants doivent tous être jetés :

- Boîtes de téléphones portables.
- Câbles électriques non identifiés.
- Boutons de rechange.
- Cartons d'appareil électroménagers.
- Appareils hors d'usage irréparables.
- Échantillons qui ne servent pas.
- Produits de santé qu'on n'utilise pas.
- Gadgets publicitaires gratuits.

5. Objets à valeur sentimentale et photos

C'est cette catégorie qui, je trouve, est la plus dure. Mais si vous avez bien suivi le processus, vous êtes un peu plus aguerri avec l'histoire du déclenchement de la joie.

Vous pouvez également vous demander pourquoi je garde cet objet (cette photo) : qu'est-ce que cela m'apporte, qu'est-ce que je ressens quand je le regarde ?

Étape 4. Ranger chaque catégorie à une place fixe
Pour Marie Kondo, l'une des principales raisons du retour perpétuel du bazar est à chercher dans notre incapacité à attribuer une place précise à chaque objet.

- Mettez tous les objets du même type au même endroit.
- Privilégiez la verticalité, les boîtes de rangements et la méthode de pliage proposée dans son livre.
- Réunissez les papiers en un seul endroit ; ne les laissez jamais envahir d'autres parties de la maison.
- Videz votre sac à main tous les jours ; mettez le contenu dans une boîte dédiée ou dans le coin d'un tiroir.
- Organisez vos placards : rangez dans les endroits les plus difficiles d'accès les objets hors saison ou ceux que vous utilisez le moins fréquemment.

Quand on passe ses vacances chez soi, on est souvent un peu désœuvré au début. Souvenez-vous, notre cerveau a TOUJOURS besoin de quelques jours pour passer en mode par défaut (voir chapitre 7, p. 123). Et lorsque l'on est chez soi, c'est assez compliqué de le faire.

La méthode de rangement ne va pas forcément vous aider à passer en mode par défaut, c'est pour cela qu'il faudra bien équilibrer avec le reste des conseils donnés et surtout bien axer sur la déconnexion avec la routine.

CHAPITRE 12

À la recherche du bonheur perdu

Dans la première partie de ce livre, nous avons appris à identifier nos besoins et nos attentes pendant nos périodes de vacances. Mais il me semble que le besoin ultime, l'attente universelle, le Graal absolu, c'est le bonheur, non ? Toutes nos actions visent, en fait, à nous faire éprouver cet état si précieux. Si nous empruntons des chemins variés, pas toujours adéquats, pour y arriver, l'objectif final est, en réalité, toujours le même : je veux être bien. De nombreux auteurs, psychologues ou psychiatres, philosophes, moines bouddhistes ont, depuis la nuit des temps, réfléchi à la définition du bonheur, son essence, sa construction, ce qui l'entrave et comment l'atteindre.

D'ailleurs, lorsqu'on part en vacances, lorsqu'on voyage, est-ce que, secrètement, on ne cherche pas à atteindre ou à s'approcher de cette forme de nirvana en se disant que, cette fois, c'est sûr, on va être heureux et le rester ? Comme les activités culturelles ou sportives, les vacances entrent dans la catégorie des loisirs qui affectent positivement notre bonheur (Servan-Schreiber, 2011).

Elles sont donc loin d'être futiles dans notre recherche de bien-être !

Il est cependant important de ne pas se fourvoyer et tomber dans une quête obsessionnelle du bonheur et une dictature du positivisme. J'en profite d'ailleurs pour vous dire que la psychologie positive n'a absolument rien à voir avec le positivisme ou l'optimisme rigide.

Toujours plus de plaisirs ?

Beaucoup de personnes confondent bonheur et plaisir. D'après Florence Servan-Schreiber (2011), le bonheur ne serait pas à chercher dans la multiplication des plaisirs, mais dans « l'intersection d'un objectif qui en vaut la peine et de l'expérience que sa quête déclenche ». C'est parti, vous avez quatre heures !

Je me lance.

Pour commencer, je vous rappellerai que le plaisir est éphémère. Ce qui ne veut absolument pas dire qu'il faut s'en priver ! En revanche, il ne faut pas compter sur l'accumulation de plaisirs pour atteindre un état durable de sérénité ou de bonheur. Ensuite, intervient le choix de nos plaisirs. Par exemple, cela me fait plaisir de jardiner. Pendant que je jardine, je suis en pleine conscience et mon cerveau s'apaise. La mise en place régulière de ce plaisir peut contribuer à augmenter mon niveau de bonheur général. Mais si c'est m'acheter pour la énième fois un beau pull dans ma boutique préférée qui me fait plaisir, ben là, c'est moins sûr. L'accumulation de beaux pulls de la même marque a très peu de chances de contribuer à mon état de bonheur général. Pourquoi ? Parce que, quand je m'offre un pull, je me fais plaisir, mais cela ne contribue pas à me rapprocher de mes valeurs. Le jardinage, si. Lorsque je jardine, ou lorsque je nage dans la mer, ou lorsque je m'occupe de mes animaux, je ressens une certaine plénitude. L'une de mes amies m'a pourtant dit, lors d'un échange sur le sujet, « mais moi je suis trop heureuse de m'acheter des nouveaux pulls de ma boutique préférée, je les aime, je me sens bien quand je les mets, je me sens protégé ». Haha ! Bah oui, car son pull vient combler un besoin fondamental de sécurité. Cependant, comme l'explique très bien le moine bouddhiste et spécialiste du bonheur Matthieu Ricard, on est victime d'une illusion quand on s'imagine que l'état de plénitude est le résultat d'un empilement d'objets, de situations et de personnes sans lesquels on estime tout simplement ne pas pouvoir être heureux or « la plénitude n'exige pas que l'on soit plein de toutes sortes de choses. Il s'agit plutôt d'un sentiment de cohérence et de satisfaction profonde qui est plein en lui-même ». (André, Jollien, Ricard, 2019).

Par ailleurs, comme nous l'avons vu, la répétition et l'accumulation entraînent l'habituation. Ce qui, dans certains cas, est très positif (traitement des phobies, mise en place d'une habitude) mais, dans d'autres, atténue progressivement l'effet plaisant. C'est d'ailleurs ce qui se passe dans la consommation de drogues : on est amené à augmenter les doses pour retrouver les sensations du début. Cependant « le désir anxieux de conserver ce que nous avons et notre compulsion à en demander davantage n'ont qu'un seul effet, en vérité : celui d'assombrir notre plaisir » (Brach, 2016).

Une histoire de paix intérieure

Certains jours, on peut se dire que le bonheur, c'est juste le silence du corps et de l'âme. C'est d'ailleurs vers cela que tend le bouddhisme : une paix intérieure issue de la capacité de détachement et de la libération de nos entraves intérieures : « Le mot "liberté" évoque pour la plupart l'aspiration de tous les êtres à mener une vie exempte d'enfermement, d'oppression ou de privation de droits. Mais ce dont nous aimerions parler ici, c'est de liberté intérieure : nous sommes, presque tous, le jouet de nos égarements, de nos conditionnements, de nos pulsions, de nos conflits intérieurs, de nos pensées errantes et de nos émotions perturbatrices » (André, Jollien, Ricard, 2019).

S'approcher de cette paix intérieure ne veut pas dire ne plus avoir d'émotions désagréables ou éviter tout conflit ou événement potentiellement traumatisant ou douloureux : ils sont « inesquivables » et font malheureusement partie de notre condition de vivants. Accepter ses émotions et les accueillir permet simplement d'arrêter une lutte vaine et stérile, de ne plus ajouter une couche de souffrance à la douleur et d'observer sereinement le mouvement de nos états d'âme. D'après le psychiatre Christophe André, la sérénité est un bonheur tranquille et connecté : « La sérénité est une émotion agréable, même si contrairement à la joie, elle est de basse intensité. Elle nous plonge dans un état d'apaisement intérieur et d'harmonie avec l'extérieur. Nous éprouvons un sentiment de calme, mais il ne s'agit pas d'un repli sur soi, d'un enfermement. Nous nous sentons confiants, en lien avec le monde cohérent. Nous avons l'impression d'avoir trouvé notre place » (André, 2021).

Le bonheur ça se cultive !

Les recherches ont montré que 50 % de notre capacité au bonheur est d'ordre génétique et que 10 % résultent d'événements extérieurs. Les 40 % qui restent nous appartiennent donc ! Ceux-ci vont être principalement fonction de la relation que nous entretenons avec les événements, de notre gestion émotionnelle et de notre potentiel d'optimisme. En somme, ils vont dépendre d'un ensemble de facteurs qu'il est tout à fait possible de travailler, comme :

- la capacité à s'adapter en envisageant les changements comme des opportunités et non pas comme des menaces ;
- la capacité à se connecter à l'instant présent tout en étant capable de se projeter avec sérénité dans l'avenir ;
- la capacité à rester en accord avec ses propres valeurs et avec le sens qu'on donne à sa vie ;
- la capacité à accepter et à lâcher prise lorsqu'on ne peut rien faire ;
- la capacité à l'empathie, la bienveillance et la compassion.

Notre niveau de bonheur va, bien sûr, également augmenter avec notre niveau d'implication sociale. Les liens, s'ils sont sains, sont toujours des fils de bonheur (au chapitre 5, nous avions, pour cela, travaillé sur la constellation relationnelle, p. 85). Créer du lien pendant vos vacances constitue un bon potentiel ressource, que ce soit avec des proches, avec lesquels vous allez renforcer votre relation et profiter de moments de complicité, ou bien en rencontrant de nouvelles personnes.

D'ailleurs, vous venez déjà de passer quelques jours de vacances et vous commencez, je l'espère, à en ressentir les bienfaits. Mais si je vous demandais justement ce qui vous a fait le plus de bien, sauriez-vous me répondre ? Au bout de quelques jours, disons une semaine en moyenne, il est bon de pouvoir prendre le temps d'observer les moments où vous ressentez de la joie, du plaisir, de la sérénité, de la détente. Ce qui booste votre dynamisme. Cela vous permettra, après vos vacances, de puiser dans ce « coffre à ressources » que vous aurez constitué durant votre séjour.

Le coffre à ressources

- Munissez-vous d'une feuille de papier pour pouvoir commencer à constituer votre « coffre à ressources ».
- Listez toutes vos qualités, aptitudes, compétences, même celles que vous trouvez inutiles ou négligeables.
- Listez ensuite tout ce qui, dans vos vacances, contribue à votre bien-être : sommeil ? nourriture ? relations sociales ? activités particulières ? climat ? rythme ? etc.

Comme je vous l'ai expliqué (voir chapitre 5), l'une des règles essentielles pour des vacances réussies, voire pour se rapprocher de la sérénité et du bonheur, c'est l'équilibre. Équilibrer ses journées, équilibrer son temps, équilibrer ses relations, équilibrer sa nourriture, équilibrer ses émotions et ses pensées. Modération, point trop n'en faut (oui je sais, ce n'est pas *fun*, limite rabat-joie !). Cela ne veut évidemment pas dire qu'il ne faut JAMAIS se livrer à aucun excès de quoi que ce soit. Juste que l'excès n'en sera que plus plaisant s'il est ponctuel. Nous l'avons vu en détail quand nous avons parlé du couple en vacances (chapitre 5), mais c'est important pour l'équilibre de la vie en général.

Répartir les temps et les activités aide à se constituer des ressources, et à les préserver ensuite. Concrètement, cela signifie que si le sport est important pour vous (c'est un exemple, hein !), il vaut mieux en faire trente minutes tous les matins que trois heures deux fois par semaine. Je vous donnerai d'autres conseils précis sur la répartition de vos journées dans la dernière fiche récap, celle qui conclut la quatrième partie de ce livre, mais, en attendant, voici déjà un petit exercice que vous pouvez faire pour vous préparer à mieux équilibrer l'ensemble de vos activités !

Quelques jours avant de repartir, commencez à imaginer votre *vision board*.

- Pensez à tous vos projets, rêves, idéaux, valeurs, objectifs. Ce qui vous fait du bien, qui vous ressource.
- Comment vous souhaitez aménager votre quotidien.
- Dessinez, peignez, découpez, collez des images pour représenter ce qui compte pour vous.
- Quand vous rentrerez, accrochez votre tableau à l'endroit où vous effectuerez votre *Lisa's morning* (voir chapitre 8).

Je profite de mes dernières heures

Vous allez bientôt rentrer, mais il vous reste entre quarante-huit heures et vingt-quatre heures de vacances. Petit à petit, insidieusement, votre cerveau risque de se remettre en mode « travail », voire en mode « circuit du stress ». Vous commencez à moins bien dormir, à penser déjà à tout ce que vous allez devoir faire en rentrant. Et si vous n'êtes carrément pas sage, vous allez même commencer à consulter vos e-mails entre deux apéros !

Halte là, malheureux ! Vous n'êtes même pas encore rentré que vous commencez déjà à puiser dans vos ressources ! Une seule technique : ON SE RECONNECTE À L'INSTANT PRÉSENT

(Vous vous dites : elle commence à me soûler, la psy, avec sa pleine conscience ? Bah désolée : pour l'instant, on n'a pas trouvé mieux pour aider les gens à diminuer l'anxiété d'anticipation…)

Si vous sentez que vous avez, en plus, des pensées négatives du type : « Quand je vais rentrer, je vais me faire remonter les bretelles pour telle ou telle raison » ou : « Je sais que ce dossier brûlant m'attend en rentrant et je ne me sens pas capable de le gérer », mettez en place la technique des pensées alternatives que nous avons déjà évoquée précédemment (voir, par exemple, chapitre 3). Mais, le plus important est de revenir à ce que vous êtes en train de vivre ici et maintenant. Et, pour l'instant, vous êtes sur vos skis ou dans votre campagne, vous n'êtes pas au bureau, les vacances ne sont pas finies, alors continuez d'en profiter !

Dans son *Manuel de l'antitourisme* (2017), le sociologue Rodolphe Christin explique que le tourisme propose d'oublier ses soucis à défaut de régler ses problèmes. J'espère, pour ma part, que vos vacances vous auront permis de vous ressourcer et, aussi, de régler quelques difficultés grâce à la lecture des différents chapitres de ce livre. La fiche récap qui suit vous présente la méthode LHOLL : *Letessier's Holidays Life Lines* (et voilà la deuxième touche narcissique de l'ouvrage !).

Fiche récap 3 : la méthode LHOLL

À faire chaque jour de mes vacances

LHOLL1. Je commence systématiquement ma journée par un *miracle morning* ou un *Lisa's morning* (voir chapitre 8, p. 138).

LHOLL2. Je me reconnecte avec la nature : marche, méditation, jardinage, animaux, etc. L'essentiel est d'être dehors, dans un environnement naturel, et de se mettre en mode « pleine conscience » : 1 h 30.

LHOLL3. Je reste dans le silence sans rien faire en laissant mon attention flotter : minimum 30 minutes.

LHOLL4. Je choisis une des pratiques de gratitude ou de bienveillance proposées dans le livre (voir chapitre 10) de 5 minutes à 20 minutes.

LHOLL5. Je veille à renforcer mes liens avec mes compagnons de voyage ou à rencontrer de nouvelles personnes.

LHOLL6. J'équilibre mes journées avec des activités et des moments variées correspondant à mes besoins.

Voici un exemple de journée équilibrée :

- 9 heures-10 h 30 : *Lisa's morning*.
- 10 h 30-12 heures : reconnexion nature.
- 12 heures-13 heures : activité de partage avec amis/conjoint/enfants (vous pouvez, par exemple, pratiquer le dialogue connecté, un massage ou n'importe quel jeu ou activité qui vous permet de resserrer les liens).
- 13 heures-14 heures : déjeuner.
- 14 heures-15 heures : temps seul de silence flottant.
- 15 heures-18 heures : activités en lien avec un besoin ou une envie définis dans la première partie (expo, visite, découverte, détente, sexe, etc.).
- 18 heures-20 heures : temps spontané, laissez de la place pour l'imprévu !

Ce n'est évidemment qu'un exemple, le contenu et la répartition des heures sont à adapter à votre rythme et vos envies, l'essentiel étant d'avoir effectué les 6 premières LHOLL dans la journée.

Si je passe mes vacances chez moi

LHOLL7. Je change mes habitudes et je contrarie ma routine.

LHOLL8. Je prends soin de mon espace intérieur avec la méthode Marie Kondo, le *feng shui* ou toute autre méthode qui a du sens pour moi.

À commencer quelques jours avant la fin de mes vacances

LHOLL9. Je commence à constituer mon « coffre à ressources ».

LHOLL10. Je commence mon *vision board*.

QUATRIÈME PARTIE

C'est le retour !

CHAPITRE 13

Je fais le point avant de reprendre

Vos vacances sont maintenant terminées et il va être bientôt temps de reprendre votre vie quotidienne. Si vous avez bien suivi les exercices que je vous ai proposés, vous êtes ressourcé et prêt pour repartir sur de nouvelles bases ! Votre seul objectif, à ce stade, est donc de tout mettre en place pour conserver le plus longtemps possible les ressources que vous avez accumulées. Et, pour cela, il y a des erreurs à ne pas commettre et quelques principes à respecter. Mais, avant d'aborder le cœur de notre sujet, on va parler un peu des choses qui fâchent.

Je partage mes vacances ou je me la raconte ?

Si vous revenez de vos vacances avec une tendinite, une luxation de la hanche ou un claquage du biceps gauche, c'est que vous les avez passées avec un stick à selfie en faisant des pauses « sexy » ! Si vous avez bien suivi les conseils de tata Lisa, cela n'est normalement pas arrivé. Mais le retour aussi est important et demande de la vigilance.

Au lieu de passer deux heures à poster vos photos sur les réseaux sociaux en expliquant à quel point « c'était trop DAR et que vous êtes teeeeeellement en PLS de devoir retourner CHARBONNER » (j'ai dû faire des recherches sur Internet pour écrire cette phrase), utilisez plutôt ce temps pour préparer votre retour. Si cela vous fait plaisir et que, réellement, vous aimez partager vos moments en mettant de belles photos de paysage qui pourront aider vos amis à s'évader en imagination, faites-vous plaisir. En revanche, si c'est juste pour faire enrager Corinne de la compta en vous montrant en maillot sous un cocotier, il n'y a pas beaucoup de bénéfices à en retirer : « Plus que jamais le voyage se raconte et se met en scène. Il se projette en discours et en texte. Il se dessine aussi, se récite en carnet, s'aligne en image, croquis sur le vif, diapositive et photographie numérique. [...] Le récit fait partie de la mythologie du voyage, il dramatise ou enjolive les péripéties qui toujours, semble-t-il, valent la peine d'être mémorisées pour être racontées aux absents, à ceux qui sont restés sur la rive, admiratifs, envieux ou bien trop occupés pour partir » (Christin, 2017).

Le récit de vos vacances ne doit JAMAIS devenir un concours de performance. En vous détachant des injonctions visant à montrer que vous avez « réussi » vos vacances, vous en tirerez parti. Au lieu de vous concentrer sur ce que vous allez pouvoir raconter, vous vous concentrerez sur ce dont vous avez réellement besoin. Car, vous l'avez compris désormais, ce n'est pas ce que vous avez accompli pendant vos vacances qui est important ; ce qui compte, c'est la façon dont vous avez porté votre attention sur ce que vous avez vécu. C'est cela qui change la nature de votre expérience ! Si vous faites une balade en bateau et que vous tombez sur des dauphins, prenez une ou deux photos, mais surtout lâchez votre portable et concentrez-vous sur l'expérience, vos ressentis, la joie enfantine et l'émerveillement qui vous ont envahi. Vous aurez moins de photos et de vidéos à partager, mais vous en garderez une trace émotionnelle beaucoup plus importante que vous pourrez recontacter ensuite.

Atterrissez en douceur...

Lors de votre départ, je vous avais encouragé à décélérer en douceur (voir chapitre 3). Eh bien, pour la réaccélération du retour, c'est pareil ! Passer en quelques heures de son transat avec cocktail au soleil à sa chaise de bureau avec son café sous la pluie, c'est un peu violent. N'oubliez pas : votre cerveau a besoin de temps pour s'adapter sans dépenser trop d'énergie, et ce principe vaut dans les deux sens, à l'aller comme au retour.

Personnellement, j'ai longtemps raisonné de la façon suivante : « Je suis partie une semaine, je me suis bien reposée, donc en rentrant je mets les bouchées doubles et je blinde mon planning de consultations. » Sans compter que, après une semaine ou plus d'absence, les mails, les appels, les dossiers s'étaient accumulés. Résultat, je fonçais pleine d'enthousiasme, tête baissée dans mon planning que j'avais surchargé moi-même. Au bout d'une semaine, adieu les bénéfices des vacances et bonjour le niveau de tension et de fatigue qui était remonté d'un coup !

Est-ce que vous vous êtes déjà surpris à répondre, lorsqu'on vous demandait comment s'étaient passées vos vacances : « Oh là là ! ça me paraît déjà bien loin… » Sauf qu'en vrai c'était il y a cinq jours ! Laissez donc le temps à votre cortex préfrontal de reprendre gentiment du service.

La première clef est de se réserver toujours un ou deux jours de battement avant de reprendre. La pire des idées est d'aller directement de l'aéroport au travail après un vol de huit heures et six heures de décalage horaire pour surtout ne pas perdre une demi-journée de RTT inutilement. Sauf que ce n'est pas inutile du tout ! Puisque c'est ce ralentissement progressif qui va empêcher que vous vous retrouviez avec toutes vos ressources brûlées presque immédiatement après votre retour.

Prenez ces deux jours pour défaire tranquillement vos valises, vous occuper de vos lessives et ranger vos affaires. Allez faire vos courses, commencez doucement à consulter vos mails, etc. Si vous n'avez pas achevé votre « coffre à ressources » et votre *vision board* à la fin de votre séjour (voir chapitre 12), profitez-en pour les terminer. De cette manière, vous aborderez votre vraie reprise beaucoup plus sereinement.

Le spleen du retour

Il y a peu de temps, l'une de mes amies écrivait sur un groupe WhatsApp de copines : « Salut les filles, je viens de rentrer de vacances, je suis au fond du trou, en PLS, j'ai bien le seum comme diraient les djeuns. » Son message m'avait bien fait rire au vu des mots employés, mais il a le mérite de poser une question cruciale : est-ce normal d'être dégoûté de retrouver son quotidien ? Je ne peux m'empêcher de penser que, si on est vraiment bien dans sa vie, qu'on la ressent comme équilibrée, qu'on aime son travail et sa maison, après une parenthèse de vacances et de dépaysement, on devrait être ravi de les retrouver. Malheureusement, pour un grand nombre de gens, ce n'est manifestement pas le cas et ils ressentent un certain spleen, voire carrément de l'abattement à leur retour de vacances. Pour identifier la cause de ce spleen, la vraie question à se poser est : qu'est-ce qu'on quitte et qu'est-ce qu'on retrouve ?

Le spleen du retour n'est pas très loin de ce qu'on appelle aujourd'hui le blues du dimanche soir : « En 2013, un sondage révélait que 81 % des Américains interrogés déclaraient avoir le blues du dimanche soir. Cette mélancolie n'est sans doute pas seulement liée à la perspective de la semaine de travail qui s'annonce, mais à toutes les occasions manquées au fait d'avoir une fois de plus dilapidé son week-end » (Onstad, 2018). Pour l'auteur, il s'agirait donc plus d'être frustré de ne pas avoir pu faire tout ce qu'on souhaitait dans le week-end, de ne pas avoir eu le sentiment de vraiment se reposer et se ressourcer.

Mais, que ce soit parce qu'on est frustré de ne pas avoir fait ce qu'on souhaitait pendant son week-end ou parce qu'on déprime de devoir se coltiner en semaine tout un ensemble de choses qu'on n'aime pas, le message est le même : on est en train de contrarier nos besoins fondamentaux. La bonne nouvelle, c'est que, normalement, à cette étape du livre, vous avez pu identifier quels sont vos besoins, vous les avez même comblés pendant vos vacances ! Il s'agit maintenant de continuer à les satisfaire dans votre vie quotidienne. Et, pour cela, pas le choix : vous devez adapter votre vie quotidienne à ce qui compte pour vous, et non pas adapter vos valeurs et vos besoins à votre vie quotidienne. Un mode de vie qui n'est pas adapté à nos valeurs crée toujours de la tension ou du malaise. C'est cela qui épuise nos ressources jour après jour.

En ce qui me concerne, depuis que j'ai déménagé, je retrouve mon quotidien avec plaisir. Voire je ressens beaucoup moins le besoin de partir. Avant, j'habitais en plein Paris et lorsque je revenais de vacances, j'étais clairement dans le blues du retour. Pourtant j'adorais mon travail, j'avais de super amis et je faisais plein d'activités intéressantes au quotidien. Et puis, un jour, j'ai compris que ce qui n'allait pas, c'était tout simplement l'environnement urbain. Je vis aujourd'hui en Normandie, en pleine campagne, à dix minutes de la mer. J'ai toujours autant de travail (voire plus !), le même mari, les mêmes enfants, mais je rentre chez moi avec un grand plaisir après mes vacances !

Donc on y revient : qu'est-ce que vous n'avez pas envie de retrouver ? Posez-vous la question et répondez-y franchement !

Qu'est-ce qui vous pèse le plus dans votre vie de tous les jours ?

Est-ce le travail ? votre vie familiale ? la ville où vous vivez ? votre habitation ? votre solitude ?
Est-ce tout simplement le rythme ? le manque de temps pour vous ?
Identifiez précisément ce que vous êtes content de retrouver et ce qui vous angoisse ou vous pèse dans votre quotidien.

Rééquilibrer sa charge mentale au quotidien

Ce qui va vous permettre de préserver plus longtemps vos ressources, c'est aussi la façon dont vous allez aborder votre quotidien. Souvent, à l'instant où on remet un pied dans ses semaines de travail, nos bonnes résolutions s'envolent, les tensions pointent de nouveau le bout de leur nez, et le stress réenvahit notre organisme. Si vous avez bien suivi le programme de ce livre, vous avez déjà, pendant vos vacances, commencé à identifier vos stresseurs quotidiens (voir chapitre 6). Nous allons les réexaminer ici d'un peu plus près.

Les années passant, voici les pompeurs d'énergie les plus fréquents que j'ai pu relever chez mes patients ou dans mon entourage :

- la pollution sonore : cacophonie, bruits de voiture ou de travaux, niveau sonore dans les *open spaces*, etc.
- la foule
- les embouteillages, la durée des transports entre la maison et le travail
- être enfermé toute la journée
- les imprévus (pneu crevé, dégâts des eaux, etc.)
- les blocages de communication (ne pas pouvoir s'exprimer quand ça ne va pas, ne pas se sentir compris)
- le sentiment de rejet (être le seul à ne pas être invité à des événements, ne pas être convié à une réunion ou en copie d'un e-mail professionnel collectif)
- la mauvaise humeur des autres
- les gens qui ne se remettent pas en question
- les proches qui ne vont pas bien
- les enfants qui ne vont pas bien
- les disputes
- le manque d'affection ou de sexe
- être malade
- le manque de sommeil
- être sursollicité
- traiter ses mails
- être pressé, en retard
- gérer un planning
- avoir trop de choses à faire dans un laps de temps trop court
- se sentir écrasé par un rythme qui n'est pas le sien
- passer trop de temps sur les réseaux sociaux
- passer trop de temps sur des écrans
- devoir relancer des gens, piétiner sur des projets
- la peur, l'angoisse (souffrir d'une phobie, d'un problème d'anxiété général, s'inquiéter pour quelqu'un ou une situation)
- les tâches ménagères
- les tâches administratives, la paperasse
- les problèmes d'argent

Lorsqu'on examine ces déclencheurs de stress, on se rend compte qu'ils appartiennent à des groupes. Il y a ceux qui sont externes (comme les embouteillages, la pollution, les nuisances sonores, etc.) et ceux qui sont internes (comme l'angoisse, le sentiment de rejet, être pressé, se sentir écraser, etc.). Des thèmes se dégagent aussi et on voit apparaître :

- des stresseurs environnementaux ;
- des stresseurs relationnels ;
- des stresseurs physiologiques ;
- des stresseurs de rythme ou de sollicitation ;
- des stresseurs émotionnels ;
- des stresseurs qui engendrent de la frustration.

Cette liste n'étant pas exhaustive, elle peut bien sûr être largement complétée en fonction de votre vie. L'important, c'est de ranger les stresseurs par catégories pour bien voir ceux qui, globalement, vous stressent le plus !

Vous allez donc commencer par lister les 10 éléments qui puisent le plus dans vos ressources et/ou abîment votre joie de vivre au quotidien.

À l'inverse, il y a forcément des éléments dans votre quotidien qui vous « rechargent ». Voici, à nouveau, la liste des boosters de ressources qui, dans mon expérience (pro et perso), sont le plus souvent cités :

- le soleil
- le jardinage
- s'occuper d'animaux
- marcher dans la nature
- se baigner dans la mer
- partager un bon moment avec des amis
- partager un bon moment avec sa famille
- aller au restaurant
- aller au cinéma
- aller au théâtre
- aller à un concert
- voir une belle exposition
- participer à une formation intéressante
- lire un livre de psychologie ou de développement personnel

- faire un jeu avec les enfants
- lire un bon roman
- lire un magazine
- voyager
- peindre
- danser
- chanter
- cuisiner
- pratiquer une autre activité créative
- prendre un bain
- méditer
- avoir un rythme calme et serein
- faire du sport
- les massages ou les soins de thalassothérapie

De nouveau, on voit des thèmes principaux se dégager :

- la reconnexion à la nature ;
- le partage/le lien social ;
- la créativité ;
- la culture/la découverte/l'apprentissage (= réalisation de soi) ;
- le ralentissement du rythme/la sérénité.

Et là, oh, surprise, on retrouve certains de nos besoins fondamentaux (voir chapitre 2) ! La boucle est bouclée !

De nouveau, listez les 10 éléments qui vous ressourcent, vous reboostent le moral.

Vous allez maintenant reprendre chacun de vos aspirateurs de ressources et vous posez les questions suivantes :

• Est-ce que je peux éliminer/déléguer ou diminuer cet élément ?
• Si je ne peux rien faire de concret pour le modifier, comment puis-je changer ma relation à cet élément pour qu'il devienne moins pénible ? Par exemple, si dans vos aspirateurs d'énergie vous avez noté « traiter mes e-mails », peut-être pouvez-vous n'y consacrer que deux matinées par semaine au lieu de les checker toute la journée ? Et si vous avez

vraiment besoin de vérifier quotidiennement, n'y consacrer qu'une heure par jour, toujours au même horaire et évidemment pas le week-end ? Autre exemple : si ce qui vous pompe, c'est la circulation difficile dans votre ville, vous pouvez, pendant les embouteillages, en profiter pour écouter un bon livre audio ou écouter une musique relaxante (ou déménager à la campagne !).

J'ai remarqué que souvent, lorsque je propose cet exercice, les deux premières parties sont faites assez facilement, mais dès qu'on arrive à la troisième partie (= je fais quoi pour changer ?) apparaît une forme de résistance avec des réflexions du type : « Oh là là, c'est plus dur, ça ! » ou : « Ah, mais je ne peux rien y faire à tout ça ! » ou carrément : « Je n'ai pas eu le temps d'y réfléchir, désolé… » C'est fou comme changer ce qui ne nous convient pas est compliqué, même quand on a identifié que cela nous faisait du mal ! Pourquoi ? Parce que cela demande un effort de réflexion et, surtout, de réadaptation : l'équilibre instable de quelque chose qui, pourtant, nous abîme reste sécurisant, car connu. Au fond, la peur de lâcher ramène à la peur de l'inconnu : si je lâche mon stress, qu'est-ce qui va se passer ? Si j'abandonne cette peur qui me caractérise depuis des années, qui vais-je devenir ? Si je délègue, qui sait s'il ne va pas y avoir de catastrophe ?

En revanche, si vous êtes prêt à mettre en place de nouvelles habitudes pour limiter ce qui vous pèse et évacuer le plus possible ce qui vous plombe, vous allez pouvoir, en allégeant ainsi votre charge mentale, vous aménager un quotidien où vos ressources seront durablement protégées.

Faites des pauses !

Dans les « thèmes ressources » dégagés plus haut, il y a le ralentissement du rythme. De fait, ce qui va énormément pomper notre énergie au quotidien est l'impossibilité de reprendre régulièrement notre respiration. On a l'impression d'être en apnée du lever au coucher, alternant entre sprint et marathon, mais sans arrêt au stand !

Cela vous est-il déjà arrivé de vous dire : « J'ai oublié de boire aujourd'hui ! », ou encore : « Je n'ai pas eu le temps de faire pipi », ou pire : « Je ne me rappelle plus si j'ai déjeuné » ou : « J'ai grignoté quelque chose à 15 heures, car pas eu le temps avant » ?

L'une des règles pour protéger ses ressources est aussi simple que radicale : il faut faire des pauses tout au long de sa journée. Je dois vous avouer qu'en écrivant ses mots, mon petit syndrome de l'imposteur revient. Je suis naturellement super nulle pour faire des pauses, sauf que j'ai appris à me forcer. Souvent, il m'arrive d'enchaîner les consultations de 10 heures à 20 h 30, avec une pause de vingt minutes à 14 heures pour avaler mon déjeuner devant mon ordi (c'est méga nul, je vous l'ai déjà dit, ne faites pas ça !). De plus en plus aujourd'hui, je m'oblige à faire des vraies pauses, même si ça me coûte. Notamment en essayant de programmer des déjeuners avec les copines ou de profiter d'un échange avec mes collègues (sans penser que je pourrais être en train d'avancer sur tel dossier pendant ce temps-là). Puisque vous me posez la question, mon objectif absolu est d'arriver à m'extirper de mon centre à Honfleur pour marcher sur la plage pendant mes pauses ; je n'ai pas encore réussi, mais j'y crois !

Les micropauses dans la journée ont d'ailleurs prouvé leurs bénéfices. Avec son équipe du département de psychologie de l'Université de Timisoara, la chercheuse roumaine Patricia Albulescu (2022) a procédé à une méta-analyse pour évaluer l'efficacité de ces micropauses, qu'elle définit comme des interruptions de travail brèves et informelles n'excédant pas dix minutes. Elle les a comparées aux pauses de récupération longue, comme le week-end, les vacances, les soirées ou même les pauses déjeuner. À bon entendeur moi-même (!), son étude a mis en évidence que ces micro-pauses sont efficaces pour l'amélioration de notre bien-être (vigueur et fatigue) et de notre performance. Concernant, justement, votre niveau de performance au travail, sachez que plus votre pause est longue et plus votre efficacité s'en trouvera augmentée (en somme, arrêtez-vous longtemps, vous n'en serez que plus efficace après !). Sachez aussi que plus vous avez un travail demandant de fortes capacités cognitives (réflexion, planification, concentration, attention, organisation, etc.) et plus votre pause doit être longue.

L'étude d'Albulescu ne précise pas ce qu'on doit faire pendant sa pause pour qu'elle soit la plus ressourçante possible. Mais on a sa petite idée, non ? Silence, méditation, nature, marche sont un bon début ! Et surtout pas d'écran : cela ne permettrait pas à votre cerveau de se reposer. L'étude n'indique pas non plus combien de pauses nous devons faire et à quel intervalle de temps. Cela dit, divers travaux en neurosciences ayant montré qu'on peut maintenir sa capacité d'attention pendant une durée moyenne de quarante-cinq minutes (hors trouble de l'attention, évidemment !), l'idéal me semblerait être de faire une pause de dix minutes toutes les quarante-cinq minutes tout au long de sa journée.

Oui, je sais, vous allez me dire que dans la « vraie vie », c'est compliqué… Et que certains peuvent très bien enchaîner deux cycles de quarante-cinq minutes juste en s'étirant un coup entre les deux et en regardant par la fenêtre dix secondes… OK, alors on opte pour un rythme de dix minutes toutes les heure et demie. C'est le plus réaliste, et ça colle avec les études. Maintenant, c'est à vous de jouer !

CHAPITRE 14

Conserver une bulle de vacances au quotidien

Pendant les vacances, vous avez mis en place la méthode LHOLL (voir fiche récap, p. 178). Eh bien, au retour, pour conserver votre énergie, garder votre bonne humeur et mieux gérer le stress, vous allez continuer de l'appliquer en procédant à quelques ajustements pour qu'elle soit réalisable au quotidien.

La méthode LHOLL appliquée à la vie de tous les jours

LHOLL1. Faites votre *miracle morning* ou votre *Lisa's morning* tous les matins (voir chapitre 8). Si vous avez moins de temps, optez pour la version express de six minutes (plutôt que rien du tout !).

LHOLL2. Le matin ou le soir, effectuez la « douche de gratitude » et/ou, le soir, prenez le temps de trouver trois éléments positifs dans votre journée (voir chapitre 10).

LHOLL3. Consultez quotidiennement votre *vision board* et/ou votre « coffre à ressources » afin de vous reconnecter à vos forces et vos objectifs (voir chapitre 12).

LHOLL4. Effectuez des micropauses de dix minutes toutes les heures et demie pendant vos journées de travail. N'hésitez pas à mettre une alarme ou à utiliser un minuteur de deux cycles de quarante-cinq minutes.

LHOLL5. Si vous en avez la possibilité, allez vous aérer au moins dix minutes par jour dans un environnement naturel. Si vous habitez en ville, faites un tour dans le parc à côté de chez vous ou près de votre bureau. Une fois par semaine, consacrez une heure et demie à une activité dans la nature. Ces deux étapes sont vraiment importantes, car, comme nous l'avons vu (chapitre 9), nous avons besoin de nature pour nous recharger en profondeur.

LHOLL6. Chaque jour, prenez dix minutes de silence. Pour laisser votre attention flotter (voir chapitre 10).

LHOLL7. Ménagez-vous un sas de vingt minutes après votre travail. Ce sas peut être pris juste au moment où vous rentrez à la maison (par exemple, vous allez vous allonger pour une petite méditation ou respiration sur votre lit en demandant à votre famille de ne pas vous déranger) ou bien pendant votre trajet de retour en écoutant de la musique ou en chantant dans votre voiture. L'objectif est d'établir une vraie déconnexion entre votre milieu professionnel et votre vie personnelle, et d'être totalement disponible et détendu pour vos proches quand vous les retrouvez. Si vous travaillez chez vous, une fois votre travail fini, allez marcher vingt minutes dehors et revenez ensuite.

LHOLL8. Au moment où vous entrez chez vous, souriez ! Même si vous n'avez pas envie de le faire, même si vous êtes seul, souriez à votre maison. Le sourire envoie de bons messages à votre cerveau et l'incite à se relaxer.

LHOLL9. Chaque semaine, choisissez une activité dans votre liste d'activités ressourçantes (voir chapitre 13).

Voici, concrètement, à quoi peut ressembler un « programme LHOLL » en semaine et durant le week-end.

- Programme du lundi au vendredi

8 heures-9 heures : je fais mon *Lisa's morning* et je le clôture en regardant pendant une minute mon *vision board*.
9 heures-13 heures : je suis au travail.
13 heures-14 heures : je prends dix minutes pendant ma pause déjeuner pour aller marcher dans un parc et profiter de dix minutes de silence où je ne fais qu'observer les arbres autour de moi.
14 heures-19 heures : je suis au travail.
19 h 30-20 heures : retour à la maison, j'écoute un podcast intéressant dans la voiture, les transports en commun ou pendant que je rentre chez moi à pied.
20 heures : je couche les enfants et je fais l'exercice des 3 choses positives avec eux dans le lit.

- Programme week-end

Samedi
10 heures-13 heures : activités du quotidien (courses, ménage, rangement, activités des enfants, devoirs, etc.).
13 heures-14 heures : déjeuner.
14 h 30-16 heures : balade nature.
À partir de 16 heures : nouvelle tranche d'activités du quotidien (si besoin).
Dimanche
10 heures-13 heures : pas de programme, je me laisse porter.
14 h 30-16 h 30 : je choisis une activité dans ma liste d'activités ressourçantes (voir chapitre 13).
Ce n'est évidemment qu'un exemple. Chaque famille, chaque personne a son propre rythme et sa propre organisation. À vous de voir ceux qui vous conviennent le mieux.

Au secours ! Je n'y arrive pas !

Vous êtes rentré depuis trois semaines et, de nouveau, malgré tous vos progrès et vos efforts, vous vous êtes laissé aspirer par le rythme effréné du quotidien. Pas de panique ! De nouvelles habitudes mettent du temps à se construire, et l'équilibre ne peut pas se trouver du premier coup. Ne baissez pas les bras ! Tout chemin comporte des obstacles et des chutes.

Les arbres en savent quelque chose ! Comme l'explique le spécialiste en bien-être Nicolas Chauvat dans son livre *Daishizen* (2019), mieux vaut éviter de grandir trop vite, car on risque d'être déraciné et de se briser en cas de rafale. Prenez plutôt exemple sur le pin, modèle de sagesse, qui prend le temps de pousser plutôt que de croître d'un coup et, donc, de « se précipiter vers une victoire instable ». Le pin a cette patience qu'il vous faut pour mettre en place de nouvelles habitudes : si vous y allez trop vite, trop fort, elles ne tiendront pas dans le temps.

Allez donc faire un câlin à un pin et revenez ensuite (je rigole, ou pas…) ! Et, pour éviter de vous morfondre et de ruminer, analysez plutôt ce qui n'a pas fonctionné, pourquoi et ce que vous pouvez faire pour y remédier. Afin de vous aider dans cette analyse, voici un exercice un peu fastidieux, mais totalement efficace : la dissection du planning.

Dessinez sur une grande feuille un planning sur quinze jours ou utilisez celui qui suit.

Chaque jour vous allez colorier votre tableau avec le code couleurs suivant :

- En bleu : les moments où vous dormez.
- En rouge : les moments où vous êtes au travail.
- En violet : les moments que vous passez en famille.
- En rose : les moments que vous passez en couple (juste tous les deux).
- En vert clair : les moments que vous passez seul pour vous-même.

• En jaune : les moments que vous passez avec vos amis.
• En gris : le temps consacré aux tâches ménagères.
• En noir : toutes les fois que vous effectuez une tâche qui a aspiré vos ressources.
• En vert foncé : toutes les fois que vous avez effectué quelque chose qui a boosté vos ressources.

Cela vous rappelle quelque chose ? Eh oui, la répartition des 5 temps (voir chapitre 6), mais de façon plus détaillée. En visualisant ainsi vos quinze derniers jours, vous allez pouvoir identifier là où le bât a blessé. Et quels temps ont été sacrifiés ou ont pris trop d'importance dans votre quotidien. Une fois que vous y voyez clair (c'est le but de l'exercice), rééquilibrez l'ensemble pour récupérer le temps manquant (mais attention on ne grignote pas le sommeil, hein !). Posez vos limites, éliminez au maximum les taches noires, car si vous ne vous accordez pas un minimum de récupération, vous allez flirter dangereusement avec le burn-out ! « Pour sortir du burn-out et éviter les rechutes, il est important de travailler les causes externes qui ont déclenché la crise, mais aussi de modérer ses traits de fonctionnement en reprogrammant les limites et en réapprenant [...] à se reconnecter à ses besoins » (Assenheim, 2021).

	0	1	2	3	4	5	6	7	8	9
Lundi										
Mardi										
Mercredi										
Jeudi										
Vendredi										
Samedi										
Dimanche										
Lundi										
Mardi										
Mercredi										
Jeudi										
Vendredi										
Samedi										
Dimanche										

12	13	14	15	16	17	18	19	20	21	22	23

CHAPITRE 15

Alerte rouge : je crois que je suis (déjà) en burn-out !

Vous avez tout bien effectué les exercices que je vous ai proposés pendant vos vacances. Vous avez utilisé toutes les clefs proposées à votre retour. Et, pourtant, vous vous levez chaque matin complètement épuisé, démotivé, voire avec une bonne dose d'abattement ou une grosse boule d'angoisse. Vous vous demandez ce qui vous arrive et ce qui cloche. Parlons peu, parlons bien : il est possible que vous vous soyez cramé !

Le burn-out aurait dû plutôt s'appeler le burn-in, vu que c'est un incendie qu'on allume à l'intérieur de soi, comme le disent très bien Léonard Anthony et Adrian Chaboche : « Le burn-out est un incendie que l'on déclenche à son propre domicile, intérieurement, en jetant aux flammes nos propres affaires, nos valeurs, notre vie personnelle » (Anthony, Chaboche, 2018).

Et qu'est-ce qui brûle exactement ? Nos ressources !

Si l'alerte rouge est déjà activée, c'est que vous vous êtes épuisé sans même vous en rendre compte. Votre corps vous a peut-être envoyé quelques signaux, mais trop pris dans votre quotidien, vous les avez ignorés et leur avez intimé de se taire : pas le temps d'avoir mal, pas le temps d'être malade, ça va passer… Cathy Assenheim (2021) appelle cela le « mode bulldozer ». Selon cette neuropsychologue, il existe trois grands stades d'épuisement qui indiquent que nos circuits d'adaptation sont sérieusement en train de souffrir :

1. la résistance nerveuse ou surmenage ;
2. l'épuisement surrénalien ;
3. l'effondrement généralisé.

La période de résistance nerveuse (ou « mode bulldozer ») peut durer des années. Le temps passe, vous faites face, vous savez quelque part que vous vous mettez en danger, mais vous continuez. Sauf que, en vous déconnectant ainsi de votre corps et de ce qu'il essaie de vous dire, vous allez le payer cher un jour : « Ne pas entendre son corps quand il se met à nous parler l'amène parfois à hausser le ton » (Anthony, Chaboche, 2018). Et là vous passez en stade 2, et vous commencez à développer toute la batterie de symptômes que je détaille un peu plus loin. Cathy Assenheim insiste beaucoup sur cet aspect physiologique de l'épuisement : si votre corps vous envoie tous ces signaux, c'est qu'il n'en peut déjà plus et que ses fonctions de récupération sont altérées. Si, malgré toutes ces alertes, vous ne faites toujours rien, alors vous êtes bon pour le stade 3, celui de l'effondrement généralisé, quand on n'arrive même plus à sortir de son lit et que le simple fait de prendre une douche ou de parler à quelqu'un est devenu une épreuve.

OK, mais je fais quoi, me direz-vous, si je n'ai déjà plus de cartouches malgré mes semaines *off* ? Avant de paniquer, nous allons déjà commencer par essayer d'identifier si vous êtes VRAIMENT en burn-out.

Depuis 2019, l'Organisation mondiale de la santé (OMS) reconnaît le burn-out comme maladie professionnelle (un guide de prévention est également disponible sur le site du ministère français du Travail). Je vous en donne la définition officielle, fournie par l'OMS : « Épuisement physique, émotionnel et mental qui résulte d'un investissement prolongé dans des situations de travail exigeantes. » Le burn-out « a pour conséquence quatre symptômes majeurs qui relèvent surtout du ressenti et qu'on pourrait résumer par trois états psychologiques : un sentiment d'épuisement émotionnel ("Je me sens vidé de ma substance"), un sentiment de négativité lié aux autres et à son travail, un comportement de retrait, le sentiment de non-accomplissement personnel et d'efficacité professionnelle réduite ».

De très nombreux ouvrages ont vu le jour pour prévenir ou lutter contre le burn-out. On découvre aussi, au fil des différents travaux menés sur le sujet, qu'il n'existe pas qu'un type de burn-out, mais plusieurs (comme le burn-out parental, le bore-out, etc.). Il peut donc arriver que le burn-out ne soit pas uniquement dû à un épuisement professionnel. Pour résumer, disons qu'on a affaire à un épuisement physiologique et psychologique de ses ressources générales. Si le burn-out n'est d'ailleurs pas, à ce jour, encore référencé dans les classifications officielles des maladies mentales (*DSM* et *CIM*), cela est dû, à mon avis, à la difficulté de le définir précisément, mais aussi à la multitude des formes qu'il peut prendre et à son caractère évolutif dans le temps.

Voici, maintenant, un résumé de tous les symptômes liés au burn-out (Galo, 2016) :

- **Manifestations émotionnelles** : sentiment de perte de contrôle, peurs, tensions nerveuses, humeur triste ou démotivation. Irritabilité, hypersensibilité non habituelle, pleurs fréquents ou, au contraire, impossibilité à manifester de l'émotion. Anxiété, sentiment d'incompétence, sensation d'être un robot.
- **Manifestations physiques** : trouble du sommeil, tensions musculaires, prise ou perte de poids rapide, maux de tête, nausées, vertiges, fatigue persistante, problèmes digestifs, problème de peau, infections à répétition.
- **Manifestations cognitives** : ralentissement du traitement des informations, trouble de la concentration et de l'attention, impossibilité à réaliser plusieurs tâches à la fois.
- **Manifestations comportementales ou interpersonnelles** : repli sur soi, agressivité, accès de violence, diminution de la tolérance à la frustration. Diminution de l'empathie. Risque de comportements

d'addiction. Désengagement progressif de son travail, perte de sens, sentiment d'impuissance, perte de confiance en soi.

Pour ne pas entrer ici dans trop de détails, sachez simplement que l'épuisement de nos ressources résulte d'un déséquilibre entre nos circuits de récupération et nos circuits de réactivité aux stresseurs (internes ou externes) qui sont de trois types :

- Le circuit reptilien, c'est-à-dire le mode survie instinctif que nous adoptons face à un élément déclencheur de peur/stress. Ce sont les fameux 3F : *fight/flight/freeze*, soit le combat, la fuite ou l'inhibition.
- Le circuit émotionnel, qui va déclencher la peur, l'angoisse, la colère. Quand il passe en mode récupération, on aura l'apaisement, le réconfort, la sérénité.
- Le circuit cognitif, qui prend énormément de ressources puisqu'il fait appel à notre fameux cortex préfrontal plus « réfléchi ».

À l'arrivée, quand on est en burn-out, notre capacité d'adaptation est mise à mal et on n'arrive plus à maintenir l'équilibre.

Vous vous reconnaissez dans les symptômes décrits ? Vous avez l'impression que votre épuisement est lié à votre travail, mais pas que ? Pour en avoir le cœur net, plusieurs outils sont en accès libre sur internet. À titre indicatif, vous pouvez consulter l'échelle d'évaluation des stresseurs de Cungi (1997) et l'autoévaluation de burn-out MBI (Maslach Burn-out Inventory, 1981). Vous pouvez également évaluer quels stresseurs vous avez rencontrés avec l'échelle d'évaluation de Holmes et Rahe (1970) qui les cote entre 10 et 100 en fonction de leur pouvoir stressant.

Si, au vu de vos résultats à ces tests, vous parvenez à la conclusion que vous êtes en burn-out, consultez un psychologue, un psychiatre ou un médecin généraliste spécialisé dans le domaine au plus vite : il est juste capital de réparer votre corps épuisé ! Plus vous laisserez cet épuisement s'installer, plus longue sera la remontée.

Fiche récap 4 : Le retour

1. J'atterris en douceur ! Je m'accorde toujours un ou deux jours avant de reprendre le travail.
2. J'analyse mon spleen du retour (si j'en ai un) et ce que je n'ai pas envie de retrouver.
3. Je liste 10 éléments qui puisent dans mes ressources et je me demande pour chaque élément ce que je peux mettre en place pour en diminuer l'impact.
4. Je liste 10 éléments qui me ressourcent.
5. Je prends de vraies pauses déjeuner sans aucun écran (surtout si je travaille sur des écrans toute la journée !).
6. Je mets en place la méthode LHOLL dans mon quotidien :

La méthode LHOLL dans ma vie de tous les jours

LHOLL1. Tous les jours, au lever, je fais mon *miracle morning* ou mon *Lisa's morning* (voir chapitres 8 et 14). Je n'hésite pas, si j'ai moins de temps, à opter pour la version express de six minutes.

LHOLL2. Le matin ou le soir, j'effectue l'exercice de la douche de gratitude et/ou le soir je prends le temps d'identifier trois éléments positifs dans ma journée (voir chapitre 10).

LHOLL3. Je consulte quotidiennement mon *vision board* et/ou mon « coffre à ressources » pour me reconnecter à mes forces et mes objectifs (voir chapitres 12 et 13).

LHOLL4. J'effectue des micropauses de dix minutes toutes les heures et demie pendant mes journées de travail ; au besoin, je mets une alarme ou j'utilise un minuteur de deux cycles de quarante-cinq minutes.

LHOLL5. Je vais m'aérer au moins dix minutes par jour dans un coin de nature pour me recharger. Une fois par semaine, je consacre une heure et demie à une activité en milieu naturel.

LHOLL6. Chaque jour, je m'offre dix minutes de silence pour laisser mon attention flotter.

LHOLL7. Tous les soirs, je m'aménage un sas de vingt minutes après mon travail pour bien déconnecter et être disponible pour les miens. Si je travaille à la maison, je vais faire un tour de vingt minutes quand j'ai fini et je reviens ensuite.

LHOLL8. Au moment où je rentre chez moi, je souris pour inciter mon cerveau à se détendre.

LHOLL9. Chaque semaine je choisis une activité dans ma liste d'activités ressourçantes.

7. Si je sens de nouveau que mes ressources s'épuisent, je fais l'exercice de la dissection du planning (voir chapitre 14).
8. Si je pense que je suis en burn-out, je consulte un spécialiste au plus vite.

Conclusion

Chers passagers, j'espère que vous avez apprécié ce voyage en pleine conscience pour ne pas finir épuisés toute l'année.

Vous pouvez maintenant détacher votre ceinture et respirer un grand coup (vous recommencerez à la partie 1 dès que vous projetterez vos prochaines vacances).

Les périodes de congés, comme vous l'avez compris au terme de notre périple, sont loin d'être anodines d'un point de vue psychique. Et, au lieu d'être une simple consommation de plaisirs, elles peuvent devenir de vrais points de départ pour se sentir mieux durablement.

Plus que jamais, dans notre société où les gens zen et sages sont considérés comme des ovnis, des inconscients ou des Bisounours et ceux qui sont stressés et pressés vus comme totalement dans la norme, nous avons besoin de nous reconnecter à nous-mêmes, à la nature, à nos valeurs et, surtout, à nos ressources.

Vos ressources physiques, psychiques, émotionnelles, relationnelles sont les carburants qui vous permettent de vivre, d'avancer, de savourer chaque instant mais également de faire face aux difficultés et de vous connecter à vos capacités de résilience.

Vos ressources sont comme un trésor dont vous devez prendre soin.

Je voudrais terminer ce livre en citant un passage de René Duchet qui a reçu le prix Albéric-Rocheron de l'Académie française en 1956 pour son ouvrage *Bilan de la civilisation technicienne. Anéantissement ou promotion de l'homme* (1955). Il est troublant de voir comment certains textes écrits il y a presque soixante-dix ans demeurent aussi actuels : « Déshabitués du silence, du calme, de la vie intérieure, la plupart des individus finissent par perdre conscience de leur réalité intime et profonde. D'innombrables sollicitations appellent notre attention sur l'extérieur, sur le monde qui nous entoure. Tourbillon incessant de mouvements, de bruits et d'images, désordre de bazar et d'exposition universelle. [...] Devant la fréquence et l'intensité des sollicitations extérieures, de plus en plus impérieuses et généralement disproportionnées avec leur importance réelle, la faculté d'attention diminue, la vie intime s'amenuise et le monde extérieur lui-même, vu comme à travers un caléidoscope endiablé, se déforme progressivement. [...] On en vient à craindre de rester seul avec ses propres pensées. [...] Il ne faut surtout pas rester seul avec soi-même et seul devant le monde. Il faut se défendre contre le tourment de pensée. Pour un pique-nique en pleine nature, on transporte un phonographe et un appareil de radio. On mange, on parle, on voyage et parfois on travaille et on dort avec l'accompagnement de la radio.»

Aujourd'hui il n'y a plus de phonographes et les téléphones portables ont souvent remplacé les postes de radio, mais nous sommes, encore plus que dans les années 1950, pris jusqu'à saturation dans un tourbillon incessant de mouvements, de bruit et d'images ! PAUSE, STOP ! Nos ressources sont ce que nous avons de plus précieux, ménageons-les, protégeons-les. Et pour cela, comme vous avez appris à le faire dans ce livre, profitons de nos vacances en pleine conscience pour lâcher tout ce qui nous encombre et apaiser le rythme de nos vies.

Bibliographie

Albulescu P. *et al.*, « "Give me a break !" A systematic review and meta-analysis on the efficacy of micro-breaks for increasing well-being and performance », *PLoS ONE*, 2022, 17 (8).

American Psychiatric Association, Crocq M. A., Guelfi J., Boyer P., Pull C. B., Pull M. C., *Mini DSM-5*, Elsevier Masson, 2016.

Anthony L., Chaboche A., *Fatigue. Et si on apprenait vraiment à se reposer ?*, Flammarion, 2018.

André C., dans *Psychologie Magazine*, hors-série octobre-novembre 2021.

André C., Jollien A., Ricard M., *À nous la liberté !*, L'Iconoclaste/Allary Éditions, 2019.

André C., Légeron P., Pelissolo A., *La Nouvelle Peur des autres. Trac, timidité et phobie sociale*, Odile Jacob, 2023.

Assenheim C., *Je suis épuisée ! Stress, surmenage, burn-out : le guide pour reprendre le contrôle*, De Boeck, 2021.

Bourgeois L., *Les gens heureux ont toujours un plan B*, Larousse, 2018.

Brach T., *L'Acceptation radicale*, Paris, Belfond, 2016.

Bratman G. *et al.*, « Nature experience reduces rumination and subgenual prefrontal cortex activation », *PNAS*, 2015, 112 (28), p. 8567-8572.

Chauvat N., *Daishizen. L'Art japonais de ressentir la nature*, Jouvence, 2019.

Cheron A., *L'Appel de la fugue. Partir seule quelques jours quand le quotidien déborde*, Éditions Leduc, 2020.

Christin R., *Manuel de l'antitourisme*, Écosociété, 2017.

Chudzik A. *et al.*, « Probiotics, prebiotics and postbiotics on mitigation of depression symptoms : Modulation of the brain-gut-microbiome axis », *Biomolecules*, 2021, 11 (7), p. 1000.

Cianni J.-L., *Philosopher à la plage*, Albin Michel, 2016.

Dallaire Y., *Qui sont ces couples heureux ? Surmonter les crises et les conflits du couple,* Le Livre de Poche, 2007.

Dayawansa S. *et al.,* « Autonomic responses during inhalation of natural fragrance of "Cedrol" in humans », *Auton. Neurosci.,* 2003, 108 (1-2), p. 79-86.

Duchet R., *Bilan de la civilisation technicienne. Anéantissement ou promotion de l'homme,* Privat-Didier, 1955.

Fanget F., *Affirmez-vous ! pour mieux vivre avec les autres,* Odile Jacob, 2011.

Galo L., *Les 50 règles d'or anti burn-out,* Larousse, 2016.

Gottman J., Silver N., *Les couples heureux ont leurs secrets. Les sept lois de la réussite,* J.-C. Lattès, 2000.

Elrod H., *Miracle morning. Offrez-vous un supplément de vie !,* Pocket, 2017.

Engemann K. *et al.,* « Residential green space in childhood is associated with lower risk of psychiatric disorders from adolescence into adulthood », *PNAS,* 2018, 116 (11), p. 5188-5193.

Frederickson B., *Ces micro-moments d'amour qui vont transformer votre vie. Love 2.0 : une approche révolutionnaire de l'émotion suprême,* Marabout, 2017.

Kabat-Zinn J., *Au cœur de la tourmente, la pleine conscience. Le manuel complet du MBSR ou réduction du stress basée sur la mindfulness,* J'ai Lu, 2012.

Karche V., *Les 12 Sagesses des arbres,* Éditions Leduc, 2017.

Kondo M., *La Magie du rangement,* Pocket, 2011.

Kondo M., *Ranger. L'Étincelle du bonheur,* J'ai Lu, 2016.

Lachaux J.-P., « Le cerveau en vacances », *Cerveau et psycho,* juillet-août 2015, 70, p. 46-55.

Laureys S., *Le sommeil, c'est bon pour le cerveau,* Odile Jacob, 2023.

Lauru D. *et al., Tout est psy en vacances ?,* Albin Michel, 2004.

Lehmann J., *Journal Intime d'un touriste du bonheur,* Éditions de La Martinière, 2018.

Lelord F., *Le Voyage d'Hector ou la Recherche du bonheur,* Odile Jacob, 2002.

Lelord F., André C., *les Nouvelles Personnalités difficiles. Comment les comprendre, les accepter, les gérer,* Odile Jacob, 2021.

Letarte A., Marchand A., Seidah A., *La Peur d'avoir peur. Guide de traitement du trouble panique et de l'agoraphobie,* Paris, Le Livre de Poche, 2018.

Le Van Quyen M., « Le silence doit s'apprivoiser. Entretien avec Michel Le Van Quyen », *Cerveau et Psycho,* 2022, 139, p. 50-55.

Lewicki C., *J'arrête de râler !,* Eyrolles, 2011.

MacCubbin *et al., Florida Gardener's Handbook. All You Need to Know to Plan, Plant and Maintain a Florida Garden,* Cool Springs Press, 2012.

Masters V., Johnson W., *Les Mésententes sexuelles et leurs traitements,* Robert Laffont, 1971.

Midal F., *Méditation sur l'amour bienveillant,* Audiolib, 2013.

Midal F., *Foutez-vous la paix ! et commencez à vivre,* Flammarion, 2017.

Odeh R. *et al.,* « A pilot randomized controlled trial of group-based indoor gardening and art activities demonstrates therapeutic benefits to healthywo-ment », *PloS One*, 2022, 17 (7).

Onstad K., *Week-end paresseux, week-end heureux,* Éditions First, 2018.

Peen J. *et al.*, « The current status of urban-rural differences in psychiatric disorders », *Acta Psychiatrica, Scandinavica*, 2010, 121 (2), p. 84-93.

Poletti R., Dobbs B., *Lâcher-prise. Dire oui à la vie,* Jouvence, 1998.

Psalti I., *La Sexualité positive,* La Musardine, 2019.

Qing L., *Shirin yoku. L'art et la science et du bain de forêt,* Éditions First, 2018.

Ratcliffe E., Gatersleben B., Sowden P. T., « Bird sounds and their contributions to perceived attention restoration and stress recovery », *Journal of Environmental Psychology,* 2013, 36, p. 221-226.

Ricard M., *Plaidoyer pour le bonheur,* NiL Éditions, 2003.

Ricard M., dans *Psychologie Magazine*, hors-série octobre-novembre 2021.

Servan-Schreiber F., *3 kifs par jour et autres rituels recommandés par la science pour cultiver le bonheur*, Marabout, 2011.

Smith R. *Manuel de l'artiste*, Bordas, 1996.

Neroni B. *et al.*, « Relationship between sleep disorders and gut dysbiosis : What affects what ? », *Sleep Medicine*, 2021, 87, p. 1-7.

Sunyer J. *et al.*, « Association between early life exposure to air pollution and working memory and attention », *Environ. Health Perspect.*, 2019, 127 (5), 57002.

Thich Nhat Hanh, *Soyez libre là où vous êtes,* Dangles Éditions, 2003.

Tolle E., *Quiétude. À l'écoute de sa nature essentielle*, Ariane, 2003.

Tolle E., dans *Psychologie Magazine*, hors-série février-mars 2021.

Young J. E., Klosko J. S., Janet S., *Je réinvente ma vie. Vous valez mieux que vous ne pensez,* Les Éditions de l'Homme, 1993.

Young J. E., Klosko J. S., Weishaar M. E., *La Thérapie des schémas. Approche cognitive des troubles de la personnalité,* De Boeck, 2005.

Wohlleben P., Tresca C., *La Vie secrète des arbres. Ce qu'ils ressentent, comment ils communiquent,* Les Arènes, 2017.

Listes des méditations disponibles en audio

Méditation 1 : Comment allez-vous ?
Méditation 2 : Apaiser la culpabilité
Médiation 3 : Méditer au bord de la mer
Méditer 4 : Méditer à la campagne
Méditer 5 : Méditer à la montagne

Le présent manuel est accompagné de fichiers audio compressés en MP3 qui contiennent des enregistrements correspondant aux différentes méditations proposées dans ce livre.

Pour avoir accès gratuitement aux pistes audio :

- Rendez-vous sur le site des éditions Odile Jacob (www.odilejacob.fr), recherchez le titre du livre *Comment garder le bénéfice de ses vacances* de Lisa Letessier.
- Cliquez sur la couverture du livre. Vous trouverez sur cette page un lien qui vous permettra de lire ou télécharger la méditation.
- Vous pouvez également reporter l'adresse suivante sur votre navigateur Internet : https://www.odilejacob.fr/catalogue/psychologie/developpement-personnel/comment-garder-le-benefice-de-ses-vacances_9782415004309.php.
- Vous pouvez enfin scanner le QR code ci-dessous :

Remerciements

Un grand merci à Odile Jacob pour sa gentillesse et son infinie patience dans la production de ce livre.

Merci à Caroline Rolland pour m'avoir accompagnée dans l'écriture de ce livre et avoir appris à aimer mes « blagounettes ».

Merci à ma coco pour ses commentaires toujours pertinents et drôles, pour me soutenir depuis dix ans dans mes différents travaux d'écriture. Je n'aurais jamais réussi à finir ce livre sans toi !

Merci à Katia, Mélissa et Marie pour leurs soutiens et leur amour. Vous êtes mon sas de décompression et de récupération de ressources préféré.

Merci à mon mari et à mes enfants d'avoir supporté quelques week-ends sans maman qui travaille. Je puise ma force dans votre soutien à tous les trois.

Table

TROISIÈME PARTIE

Les clefs pour des vacances réussies

DU MÊME AUTEUR
CHEZ ODILE JACOB

Réinventer notre santé mentale avec la Covid-19 (avec Marion Leboyer et Anne de Danne), 2021.

Le Mensonge dans le couple, 2018.

La Rupture amoureuse, 2014.

Inscrivez-vous à notre newsletter !

Vous serez ainsi régulièrement informé(e)
de nos nouvelles parutions et de nos actualités :

https://www.odilejacob.fr/newsletter

Cet ouvrage a été composé
en ITC Galliard et en Whitney
par Nord Compo
à Villeneuve-d'Ascq (Nord).

N° d'édition : 4150-0430-X – N° d'impression : 042478419
Dépôt légal : mai 2024

Imprimé en France par Présence Graphique